なぜ、日本の製造業はソリューションビジネスで成功しないのか?

ものづくりモデルの創造的破壊 [Disruption]

株式会社 ワイ・ディ・シー 共動創発事業本部 [編著]

日刊工業新聞社

はじめに

　私が株式会社ワイ・ディ・シー（YDC）の社長を務めていた時代に、「製造業に対してビジネス変革をコンサルする集団」を立ち上げた。本書は、その集団名でもあり、ビジネス変革を推進するコンセプトでもある「共動創発」の内容とその手法について、メンバーの体験に基づき執筆した実践的な書籍である。

　共動創発の設立に至った経緯と、横河電機株式会社（以下横河）の中で大変順調に「共動創発活動」ができていることについて、以下に簡単に述べる。

　2011年から2015年まで私はYDCの社長をしており、それより以前は横河でインダストリアル・オートメーション（IA）の開発を中心とした事業の担当役員として、責任者の立場にいた。横河は、IA事業の開発・製造・販売・サービスのビジネスをグローバルに展開している。手前味噌だが、横河の技術と製品の信頼性は、この業界ではトップレベルと言っても過言ではない。

　世界がますますフラット化してくる中、顧客要求に対していかに早く提案できるかが、顧客にとっても横河自身にとってもビジネス上大変重要となっている。そのような意味においても、製品開発の効率化・開発スピードの向上・製品のタイムリーな市場投入が重要である。さらには、なぜその製品が顧客にとって必要か、また製品が開発されるタイミングやその商流を考えた上での設計、さらにはライフサイクルに至るサービスがどうあるべきかなどの観点を含めて、戦略を立てなければならないことは言うまでもない。

　当時、横河の社長からもこのような課題が示され、我々自身もその多くを認識していたものの、適切な解決手法を見出すことができなかった。このもやもやした気持ちの中、5年前にYDCの社長就任のミッションが下りてきた。これを機に、YDCの改革に専念し、中期経営計画を当時の役員とともに作成し、実行に移すことになったわけである。

　そして、ちょうど4年ほど前、ある人の紹介により共動創発の中心メンバー（本書の著者）と順次会うことになる。彼らと話をしてみると、私は大変驚か

1

された。それは、彼らが開発の効率化、開発スピードの向上、ビジネスのスムースな展開における手法をすでに実践しており、我々が求めていた課題への回答が目前にあると強く感じたからである。面談したその場で、「即、YDCに来てほしい」とお願いした。「まずは横河で実践してほしい」という私の希望は、彼らの思いと全く同じであったことから、改革に向けた活動は一気に加速することになる。

　彼らのYDCへの入社を待って、当時の横河の社長に説明し、その場でこの活動に対して理解をしてもらった。そして、さっそく技術部長を十数人集めて説明会を開いた。忘れもしないが、開発業務の改革手法を説明し、横河の中で何ができるかの話をした後に、ある部長がこのように口を開いた。

　「それは今、私が読んでいる本の受け売りではないか。そんなことなら、この本の方がもっと詳しく書いてあるよ……」

　その部長が手にしていたのは、共動創発のメンバーが以前に出版した本だった。まさに、「事実は小説よりも奇なり」を地で行くエピソードであった。

　そこから横河の中で、共動創発が提唱する開発手法の改革を柱としたビジネス変革活動が本格始動する。トップダウンによるスタートではあったが、プライドの高い技術者に対するコンサルはひと筋縄にはいかなかった。そこで私は共動創発のメンバーに相談し、向こう3年間は横河の中での活動に集中することを決めた。横河でまず成果を出し、それを持って横河以外の会社にも展開する方針としたのである。2015年3月末で活動開始3年のひと区切りを迎え、一定の成果も収めることができた。そして、翌4月からは横河の中での活動を継続しつつ、横河以外にも活動を展開している。おかげさまで、横河の中での共動創発活動の評価の高まりとともに、メンバーは多忙を極めているとのことだ。

　横河の中でのコンサル業務は、当時の社長と現社長、担当事業本部長のほか横河社内の多くの方々の理解と協力を得て、総じてうまく回っているようである。担当事業本部長は海外の拠点長を経験してきたことも相まって、グローバルな視点で深い問題意識を持っており、横河の改善すべき課題の共有に向けて共動創発と深い連携をしてきている。共動創発の事業のスタートからの4年を振り返り、企業の中での改革、特にDCM（Design Chain Management：デザイン・チェーン・マネジメント）の改革を実行し、成果を出すために何が必要

不可欠であるかについて、経営的な観点で私の感じたことを述べる。

①スタート時点で重要なこと

トップに理解してもらい、強力に後押しをもらうこと。改革は痛みと多くの工数を伴うものであり、成果が見えて社内に定着するまでは、トップの理解と後押しがなければ改革はうまく回らない。

②全体最適と部分最適

DCMの改革は全社組織にまたがるため、全体最適の改革方針により事業部単位では部分最適とならない場合があり、担当役員のバックアップが求められる。

③実行にあたり

新製品の設計業務においては、クリエイティブな部分が新製品の差別化要素となるため、重要であることは言うまでもない。ただし、過去の設計資産やノウハウを上手に再利用することで効率は上がる。その意味での効率化設計には開発担当者、特にベテランと言われる技術者の協力を得て、彼らのノウハウを吐き出してもらい、多くの人が共有することでノウハウ・技術の再利用が可能となる。こうしたことで、クリエイティブな開発をする時間がより多く得られる。

④リーダーの役割

社内の他事業部のメンバーが、改革の障害となることがある。改革においては、全体最適と部分最適のぶつかり合いとなり、得てしてその企業で育ったメンバーが改革のリーダーを担う際に、社内メンバーを説得しきれないことがある。社外事例を多数知っている外部コンサルだからこそ、トップの理解を得て乗り越えられるのである。

最近の世界の製造業においては、IoT、ICT、AIを積極的に取り込み、生産に生かすことで、生産効率や品質の向上、生産コストと保守ランニングコストの低減を進めている。このことは、ものづくりの上流側である製品設計に大きく影響しており、複雑化してきているが、この解についても本書には多くのヒントを記載している。複雑系の対応に関しては、我々がコラボレーションしている東京大学大学院経済学研究科ものづくり経営研究センターの朴先生、青山学院大学ヒューマン・イノベーション研究センターの阿部先生などの執筆協力

をいただき、内容の濃いものになっている。

　中国をはじめ開発途上国が労働力の安さの差別化のみならず、彼ら自身が技術レベルを上げてきている中、欧米の製造業も交えて熾烈な差別化競争が今後も続くと予想される。本書を通じて提唱する我々の活動が、日本のものづくりを強くすることにつながると自負している。

2016年9月
　　　　　　　株式会社ワイ・ディ・シー　取締役・相談役（前 代表取締役社長）
　　　　　　　元横河電機株式会社　取締役・専務執行役員
　　　　　　　　　　　　　　　　　　　　三奈木 輝良

はじめに　1

第1章　なぜ、日本の製造業は「ソリューションビジネス」で成功しないのか？

第1節　製造業を取り巻く事業背景とソリューションビジネスの実情　10

第1項　製造業の事業背景と名ばかり変革の問題　10
第2項　製造業のソリューションビジネスとは何か？　12
第3項　横河電機におけるソリューションビジネスに向けた取り組み　14
第4項　サプライ・チェーン・マネジメントとデザイン・チェーン・マネジメント（SCMとDCM）　16
第5項　ソリューションビジネス成功に向けた3つの視点（WHAT）　20

第2節　小手先改革に終わらせないための「5つの変革ポイント」　21

第1項　改革活動から生まれた5つの変革ポイント　21
変革ポイント1 「フロントエンドイノベーション」　21
変革ポイント2 「フレキシブルオーガナイゼーション」　26
変革ポイント3 「ビジネスリーダー育成」　29
変革ポイント4 「レイヤー戦略/マージナル戦略」　32
変革ポイント5 「ビジネス拡大の手段としてのグローバル技術基盤」　35
第2項　改革成功のCSF　36

第2章　ものづくりモデル変革手法

第1節　ものづくりモデル変革の必要性　40

日本製造業に必要な「破壊的イノベーション（Disruption）」　40
ものづくりの本質的価値を「設計情報の流れ」で捉える　42
価値のパラダイムシフト　44
開発領域改革からものづくりモデル変革へ　45

第2節　ものづくりモデル変革を支える3つのA　47

第1項　ものづくりモデル変革を支える3つのAの全体像　47

5

第2項　Asset（アセット）〜無形資産による価値生産性を高める ……… 49

　Asset（アセット）におけるパラダイムシフト
　〜「知識、ノウハウ、能力」重視の経営マネジメントにシフトせよ ……………… 49

第3項　Architecture（アーキテクチャ）
　　　　〜エコシステム全体で価値生産性を高める …………………… 51

　Architecture（アーキテクチャ）におけるパラダイムシフト（その1）
　〜製品売りビジネスに合わせて最適化されたアーキテクチャからの脱却 ……… 51

　Architecture（アーキテクチャ）におけるパラダイムシフト（その2）
　〜製品売りビジネスに最適化させた組織構造を変える ……………………… 52

第4項　Accelerator（アクセラレータ）
　　　　〜ビジネスモデル進化を加速する ………………………………… 54

　Accelerator（アクセラレータ）におけるパラダイムシフト
　〜企業起点改革から顧客起点の改革に ……………………………………… 54

第3節　ものづくりモデル変革＝Disruptionを実行するための方法　56

第1項　ものづくりモデル変革＝Disruption実践の全体像 ……………… 56

第2項　"有形資産"偏重から"無形資産"重視に変える
　　　　（デザインモデル構築のステップ） ……………………………… 57

　デザインモデル（Design Model）を構築する　〜ステップ全体像 …………… 59
　デザインモデルの全体を考える　〜①アーキテクチャ調査 …………………… 61
　デザインモデルを解く　〜②デザインモデル可視化・構造化 ………………… 62
　デザインモデルを次世代に残す　〜③ビジネスルールデータ体系化 ………… 66
　デザインモデルを再利用する　〜④コントロールする情報管理基盤の構築 …… 68

第3項　"製品起点"の改革から"顧客起点"の改革に変える
　　　　（コンフィギュレータ構築のステップ） ……………………… 70

　コンフィギュレータを構築する　〜ステップ全体像 ………………………… 71
　なぜ売れているかを考える　〜①コンフィグルールデザイン ………………… 72
　どうやって売れているかを考える　〜②コンフィグプロセスデザイン ……… 73
　顧客の課題を継続的に解決する　〜③コンフィグデータデザイン ………… 75

第4項　"製品ビジネス最適組織"から"動的モジュール型組織"に
　　　　変える（組織・人財改革の構築ステップ） ………………… 77

　人財育成の組織を創る　〜ステップ全体像 ………………………………… 78
　ビジネス戦略との整合をとる　〜①企業戦略・ビジネス戦略の整理 ………… 80
　顧客優先のアサインをする　〜②動的モジュール型組織デザイン …………… 81
　感度の良いセンサーの持ち主を育てる
　〜③グローバル／イノベーティブ人財育成 ………………………………… 83
　仕組みで人財を育てる　〜③継続的組織・人財コントロール基盤構築 ……… 84

6

目 次

第5項　"プロダクトアウト型発想" から "コア技術活用イノベーション型 発想" に変える（問題解決型アーキテクチャの構築ステップ）………86

問題解決型アーキテクチャを構築する　～ステップ全体像…………………87
自社の製品を考える　～①コア技術抽出………………………………………88
プロダクトアウトから脱却する　～②コア技術整理と活用（アーキテクチャ分析）……89
次世代に技術をつなぐ　～③イノベーション型情報基盤構築…………………94

コラム 「新しい製品やビジネスづくりについて」（前編）
　　　　青山学院大学ヒューマン・イノベーション研究センター 客員研究員　阿部 武志……90

第3章　変革への道1：グローバル市場のフロント（営業）を変えろ～クライアントのニーズに迅速に対応する

第1節　変革の道への第1歩（前提と背景） 96

特注が標準………………………………………………………………………96
あなたの言うことは、この本に書いてある……………………………………98

第2節　変革の道への第2歩（実施ステップとポイント） 102

コンフィギュレータって何？……………………………………………………102
君たちは何をしたいのか？………………………………………………………106
誰も知らないルールの根拠………………………………………………………109
こういうモノが欲しかった………………………………………………………112

第3節　変革の道への第3歩（成果） 115

第4節　変革の道の続き（今後に向けて） 118

第4章　変革への道2：製品開発の壁を壊せ～全社のノウハウを活かし価値づくりを最大化させる

第1節　変革の道への第1歩（前提と背景） 122

作れば買ってもらえる……………………………………………………………122
開発の機会がない？!……………………………………………………………124

第2節　変革の道への第2歩（実施ステップとポイント） 128

誰のための開発か？………………………………………………………………128
私はこうして作られた（偶然の産物）…………………………………………132

7

設計・開発にサイエンスを取り入れる ……………………………………………135
すべては顧客のために ……………………………………………………………138

第3節　変革の道への第3歩（成果） 141

第4節　変革の道の続き（今後に向けて） 144

第5章　変革への道3：ソリューションという名の新しい価値を創れ ～コアの強みを市場につなげてさらなる価値を創出する

第1節　変革の道への第1歩（前提と背景） 148

やめられるわけがないでしょ？ …………………………………………………148
絵に描いた餅 ………………………………………………………………………151

第2節　変革の道への第2歩（実施ステップとポイント） 155

敵はすぐそこまでやってきている（技術優位性はなくなった） …………………155
イノベーションの扉はすでに開いている ……………………………………………157
大切なことはワクワク感 ……………………………………………………………163
あとはやる気、すべては次世代のために ……………………………………………166

第3節　変革の道への第3歩（成果） 169

第4節　変革の道の続き（今後に向けて） 171

第5節　変革の道に添えて 174

〈特別執筆〉
グローバル統合型ものづくりITシステムの提案
埼玉大学人文社会科学研究科　教授
東京大学大学院経済学研究科ものづくり経営研究センター　特任准教授　朴 英元 ……174

コラム 「新しい製品やビジネスづくりについて」（後編）
青山学院大学ヒューマン・イノベーション研究センター 客員研究員　阿部 武志 ……160

おわりに　191
参考文献　193
索　　引　196

第 **1** 章

なぜ、日本の製造業は「ソリューションビジネス」で成功しないのか？

今、多くの製造業が生き残りをかけて「ソリューションビジネス」への変革を唱えている。しかし、実態はどうであろう。変革の必要性は認識していても、掛け声や小手先の改革に終わっていないだろうか？　それ以前に「製造業におけるソリューションビジネス」をどのように定義しているのか？　我々は、これまで数多くの企業の業務変革を支援してきた。本書はそうした活動で得られた経験や知見をまとめたものである。本章ではまず、製造業を取り巻く現状を概観し、「製造業におけるソリューションビジネス」とは何かを整理し、ソリューションビジネス実現に向けた全体像について言及する。さらに、掛け声や小手先の改革に終わらないための「5つ変革のポイント」を概説するところからスタートしたい。

第1節

製造業を取り巻く事業背景と
ソリューションビジネスの実情

第1項 製造業の事業背景と名ばかり変革の問題

　かつて、日本の製造業はその勤勉さと品質で、世界に "Made in JAPAN" というブランドとバリューを提供してきた。自動車や家電といった領域では世界のトップになり、それまでその領域でトップだった北米やヨーロッパの電機大手は家電事業を縮小せざるを得なくなった。

　2000年以降、アジアをはじめとする新興国が力をつけ、それまで日本企業が独占していた特に家電の領域においては大きな脅威となっていた。これはサプライ・チェーン・マネジメント（SCM）の充実により、部品サプライヤーとの連携や製造における標準化などで、どの企業でもある程度の品質の製品が作れるようになったことが大きく起因している。例えばパソコンでは、IBMは中国レノボ社に事業を売却。そのレノボ社は、DellやHPを押しのけて世界一のメーカーになった。そのレノボ社ですら、さらなる新興企業にその地位を脅かされているのが現実である。IntelのCPU、MicrosoftのOS、HDDやメモリといった標準部品を組み合わせることで製品ができてしまうコモディティ化により、こういった現象が起こっている。

　市場の多様化といった側面も大きな影響を与えている。携帯電話事業におけるApple社のiPhoneは最たる例だ。これまでは通信キャリアが製品メーカーよりも顧客に近い位置にあり、通信キャリアが仕様を出し、メーカー側がそれに従って製品開発を進めてきた。しかし、iPhoneの登場でその景色は大きく変わった。顧客が直接製品を指名し、通信キャリアがそれを提供せざるを得なくなってきた。つまり、今までのビジネスレイヤーを飛び越えてマーケティングを行い、製品やサービスを開発して提供し始めているのである。そしてiPhoneをはじめとするスマートフォンの台頭により、コンパクトデジタルカメラやウォークマンのような音楽プレイヤー、パソコンの市場、さらにはサービス産業も変化している。

　こういったグローバル化や製品のコモディティ化、市場の多様化により、

第1章 なぜ、日本の製造業は「ソリューションビジネス」で成功しないのか?

今、日本の製造業はソリューションビジネスに移行していかなければならないという話をよく耳にする。しかし、そもそも製造業のソリューションビジネスとは何なのか、明確に定義して話をしているのだろうか? ソリューションビジネス≒ビッグデータ活用であったり、エンジニアリングやサービス、ソフトウェアプロダクトといった方向にどうしても行きがちである。

また、製造業の組織名を見ると、「○○○ソリューション部」、「△△△ソリューション推進部」と名称にソリューションという名前が目立つようになった。ソリューションという何となく凄そうな、重要そうなキーワードでごまかしてはいないだろうか? 部門名を変えただけでは何も変わらない。変わった気になって、今までと同じような業務をただこなしているだけの企業を本当によく見聞きする。

多くの製造業では、マーケティング、営業、技術、製造、業務、サービスなどの部門に分かれている。長い時間の中で、これらがお互いに組織の壁を作ってしまい、業務を分割して、いつの間にか自分たちの業務範囲を守ることが仕事になってしまっていないだろうか?

マーケティング部門は市場調査をしても、それらを明確に製品仕様に落とさないまま調査結果にコミットせず、「製品開発は技術部門の仕事」だと切り離してしまう。主たる業務は広告宣伝やイベント対応になってはいないだろうか?

営業部門は「顧客の声」＝神様のような捉え方をして、何でもかんでも「顧客がこう言っているから、何とかしてやらなくてはいけない!」と無理難題を他部門に押し付けていないだろうか? 顧客がどういった背景で購買をしようとしているのか? そもそも目的は何か? 制約条件は何か? 顧客が本当に必要としていることは何か? そういったことを深掘りせずに、「顧客の声がすべて正しい」という仕事の仕方をしていないだろうか? 顧客が常にすべてを理解して正しい要求を出しているわけではないはずだ。

技術部門はといえば、営業や製造といった他部門の間に挟まり、様々な雑務をこなしながら調整ばかりしているのが現実ではないだろうか? でもなぜそのような仕事の仕方になっているのか、見つめ直しているだろうか? 徒弟制度のような属人的な技術伝承のスタイルをいまだに続けていないだろうか? 製品にとって一番重要な製品仕様管理を、的確に行っているだろうか? 自社製品のスペックばかりを考えていないで、顧客の本当の要求価値は何か、もう一度そこに戻ってみることが必要である。

分断された社内の業務をそのままにして部門名称だけを変えたり、「ソリューションビジネスに変革するぞ！」と声を上げても何も変わらないのが現実であり、本当に企業を変えるのは、今までのような領域ごとの改革ではなく、「ものづくりモデルに変革」を起こすDisruption（創造的破壊）が必要なのである。

　注釈：本章のソリューションビジネス、イノベーションと記載している部分では、「経営理論」で言われている破壊的技術（disruptive technology）、革新的技術（radical technology）、持続的技術（sustaining technology）を包含した概念で捉えている。

第 2 項　製造業のソリューションビジネスとは何か？

　そもそも製造業の顧客は、何を価値として要求しているのだろうか？　当然ながら、これは一意的な答えがあるものではない。その顧客がいる市場や地域、顧客自体の成熟度によって価値要求は大きく異なる。我々はこの価値要求を大きく2つに分類している。

①提供する製品そのものの機能による価値提供
②製品に加え、サードパーティー品、エンジニアリング、サービスといった
　役務提供を加えた複合的な価値提供

　日本の製造業はこれまで①を中心にビジネスを展開するというものであったが、今やこれだけではビジネス拡大は見込めなくなってきている。
　一方②においては、まさにトータルサプライヤーとして顧客が要求する価値提供を理解し、コンフィギュレーションする能力が必要とされる。
　ここで間違ってはいけないのは、②が日本の製造業の目指す姿だと短絡的に捉えてしまうことだ。①においても単純な標準品・汎用品の提供ではなく、顧客が必要とする価値要求に応えられる製品をタイムリーにリーズナブルな価格（決してただ安いだけではなく）で提供することが求められてきている（今まで、すり合わせとして日本の製造業が得意であった部分でもあり、強みでもある）。当然、今までのように時間・人・金を費やす形のすり合わせモデルでは不十分であり、①にも変革が求められる。

第1章　なぜ、日本の製造業は「ソリューションビジネス」で成功しないのか？

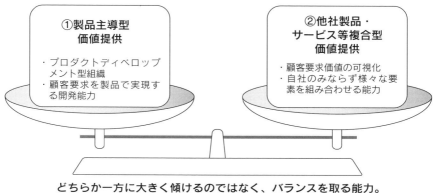

どちらか一方に大きく傾けるのではなく、バランスを取る能力。
また、変化を意識しながら常にマネジメントする能力が重要

図1-1　製造業のソリューションビジネスバランス

　①の実現にはプロダクトディベロップメント型組織が必要である。顧客要求価値は何か？　どう変化しているのか？　どのような機能で実現するのか？　タイムリーに製品開発に反映させるようなフロントエンド組織と仕組みが不可欠である。また、既存製品をどのように組み合わせることで、価値提供につながるかというようなコンフィギュレーションも重要になる。

　②の実現には、顧客要求価値の目的、スコープ、制約、前提条件といった事を確実に押さえながら、自社製品のみならず、サードパーティー品やエンジニアリング、サービスといった様々な要素を組み合わせるコンフィギュレーション能力が必要になる。また、その中で自社に取り込むべき要素、新しく作り上げなくてはならない要素を見極め、投資するといった能力も見逃せない。

　そして最も重要な点は、①と②のどちらか一方ではなく、両方の実現を自社の製品や競合、市場、顧客の特性を踏まえてバランスよく目指すことである（図1-1）。また、それは常に変化し続けるという事が重要であり、そのために組織・人財をマネジメントすることが日本の製造業が目指すソリューションビジネスなのである。

　製造業がソリューションビジネスに変革せざるを得なくなった背景（WHY）を改めてまとめてみる。
- 顧客からの要求が製品提供といった価値提供を超え、サードパーティー品を含めたトータルサプライヤーとしての役割や、エンジニアリングやサー

ビスなどの役務提供まで及んでいる
- 国内では個別受注品を中心としたビジネスを行っていたが、海外市場に展開した際に、対応する設計リソースが量的・質的にも不足してしまった。単純な売上拡大＝人員拡大の限界が出た
- 標準品・汎用品を中心としたビジネスを行っていたが、コモディティ化によるコスト競争激化となり、収益性が悪くなった

このような背景の中、個別受注生産、標準品・汎用品生産などの販売/生産モデルの違いにかかわらず、製造業はいつまでも製品提供ビジネスという枠の中に閉じこもって、ビジネスをしている訳にはいかなくなってきている。つまり、製品提供ビジネスからの脱却が必要なのである。製品提供ビジネスから脱却するためには、顧客の個別要求に対応するコンフィギュレーション、すなわち標準/オプション、カスタマイズ、エンジニアリングや情報・情報技術を組み合わせて提供するビジネスに転換していかなければならない。

ソリューションビジネスと単純な製品提供（プロダクトアウト）を中心とした従来型ビジネスとの大きな違いは、「顧客に近いところ（フロントエンド）にソリューションを提供する機能を持ち、バックエンドはそれをサポートする仕組みを構築する」ことに他ならない。従来のビジネスから、ソリューションビジネスに変革し、さらに強化していくためには、この考え方をベースにした、組織・人財マネジメントとオペレーションの仕組みづくりが重要になってくる。

横河電機におけるソリューションビジネスに向けた取り組み

横河電機制御事業（IA：Industrial Automation）における強みは、実際に情報を取ってくるところ、計測のセンサー、データロガーを持っているところにある。そのデータロガーとそれが収集する情報を活用し、加工し、有用な情報に変換して提供するようなサービスを組み合わせて、顧客要求価値をさらに高めるという部分が今後の成長のポイントと考えている。また、その中でデータロガーに求められる顧客要求価値の変化を競合に先んじて、製品に反映していくというバランスも重要である。

横河電機のメイン事業である制御（IA：Industrial Automation）事業では、

第1章　なぜ、日本の製造業は「ソリューションビジネス」で成功しないのか？

国内市場と海外市場の売上比率が2004年にほぼ50％：50％だったのが、2015年現在では30％：70％と海外市場がこの10年で一気に伸長している。かつ、1990年にはグローバルで27社ほどあった競合ベンダーが業界再編を経て、今では主要6社となった。この中には、Siemens、ABB、Honeywellといった世界の大企業がある。こういう中で、横河電機がグローバルで勝ち残らなくてはならない。

　そういった背景の下に、今までと異なる積極的なM&Aを仕掛けている。今までもプロダクト事業の推進という観点からの買収はいくつかあったが、これからはサービス事業にも力を入れていくという方針に沿った買収を始めている。

　まず、Industrial Evolution（IE）社という米国ベンチャーを2015年12月に買収した。プラントの操業データを収集・分析して、それを顧客に対して必要な形で配信するといった「DaaS」というデータサービスである。そして、英国のプラント操業コンサルティング会社であるKBC社も2016年4月に買収した。今までは、操業効率をどう上げていくかというビジネスレイヤーは、コンサルティング会社や顧客自らが行う領域であり、横河電機はそれを支える製品を提供するサプライヤーであった。しかし、この買収により、今までよりもさらに上流領域での提案が可能になった。この2社の買収は、実際のリアルな操業情報を分析しながらさらなる操業向上の提案を行うという顧客に対する"高価値サービスの提供"を意味している。

　一方、プロダクト事業も大きく変わろうとしている。より顧客に近い部分に、様々なコンタクトポイントを置くような仕組みを構築し始めている。また、製品ポートフォリオを見直し、今まで維持継続してきた事業を見直すとともに、新たな製品開発に積極的にヒト・モノ・カネを投資し始めている。

　注目すべきは、それぞれの製品開発を技術視点だけではなく、ビジネス視点で行い、ビジネスマネジメントをより細かい単位で実施していることだ。それらを支える仕組みとして、人財育成やより早く製品開発ができる技術インフラを整備し、そこにビジネスキーマンを任命してより全体を支えるビジネスインフラを構築している。

　こうしたプロダクト事業での改革とサービス事業での改革を融合させていくことが、何より顧客に対する付加価値提供につながる。操業向上のために必要なサービスは何か？　必要な製品とは何か？　どのような仕様か？　運用を踏まえた最適な提案は何か？　このような形でサービスとプロダクトを融合させながらビジネスを拡大させていこうという意図が見えてくる。このようなこと

がすでに様々な製造業で見られ始め、今後同様な動きが加速していくと考えている。

サプライ・チェーン・マネジメントとデザイン・チェーン・マネジメント（SCMとDCM）

　これからの製造業は、サプライ・チェーン・マネジメント（SCM）だけでは不十分であることは、すでに多くの企業が認識しているはずである。過去10年以上SCM領域に多くの投資をしてきているが、どれだけの価値を生んでいるだろうか？　SCM改革がなぜ取り組みやすかったのだろうか？　SCMという共通概念が存在し、手法・方法論も確立され、ITツールやコンサルタントも豊富である。そして、何よりも在庫削減のように短期的に見えやすい効果が出る、と思われているからである。ただし、SCMの取り組みは欧米を中心にアジア各国でもすでに取り組まれており、投資に見合った効果が出ているとは言いにくい。

　以前、外資系メーカーにいたときに実感したのだが、もう20年以上前に部品メーカーに対してウォルマートの店舗在庫、ストックヤード、メーカーストックヤードといったポイントにおける在庫状況がリアルタイムに提供されていた。それを踏まえて、部品メーカーは生産計画を立てて製造していた。物量と情報量で欧米やアジア各国と戦うことは非常に厳しいのである。

　逆にデザイン・チェーン・マネジメント（DCM）領域はどうであろうか？短期的な効果が見えにくいため、今まで日本の製造業はあまり投資してきていない。しかし、この領域に投資をし、自社の技術力を高めるだけでなく、SCM領域と組み合わせて効果を創出していくことが、今後必要となってきているのである（図1-2）。では実際にDCM領域に関して、企業のトップはどのような理解をしているのだろうか？

　我々が今まで手掛けてきた顧客経営層にトップ・インタビューを行ったものを整理してみた。DCM領域は、経営者から見たときにどういう課題があるのかという内容だった。出てきたキーワードは、「納期が守られない」、「新製品が予定通りに出てこない」である。これは単純に製品開発に時間がかかり、コストが計画を超えるというだけではない。例えば、数年先の顧客のプラントの立ち上げ計画に対し、「この時期までに当社の新製品が出てくるので、それら

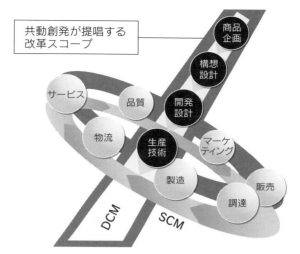

SCMだけではグローバルでの競争優位性は厳しく、**製品の技術をつかさどるDCM改革に着手し、SCMとの連携**をすることが重要

図1-2　SCMとDCMの連携による効果創出

を新プラントに提案・導入するというような中長期的な営業も求められる。そうした中で計画通りに製品が出てこないとなると、販売機会を逸失してしまうばかりか、営業は中長期的な提案ができず、新製品のリリース後に初めて顧客に提案を仕掛けていくという悪いサイクルになる。

　それだけでは済まない。新製品は早期に立ち上がらず（売上に寄与しない）、旧製品と新製品の重複が長期間発生することで、無駄な業務が増加することになる。新製品開発の遅れは、結果的に経営にも大きな影響を及ぼすことになりかねない。そうした大きな問題をはらんでいるのである。

　横河電機の当時の社長からはまた、「非常に手戻りが多い」、「顧客ニーズに合ったものが出てこない」といった課題に加え、「技術伝承の問題も憂慮している」との発言もあった。実際、ベテランエンジニアの技術に、組織が依存してしまっていた現状がある。これは、日本の製造業が抱える共通の課題と長年言われながらも、解決に至っていないのが現実だ。

　人財育成に絡む部分では、「技術者の流動性がなくてなかなか新しいものが出てこない」との指摘がなされた。こうした経営トップの課題認識を踏まえて、様々な改革を行ってきている。

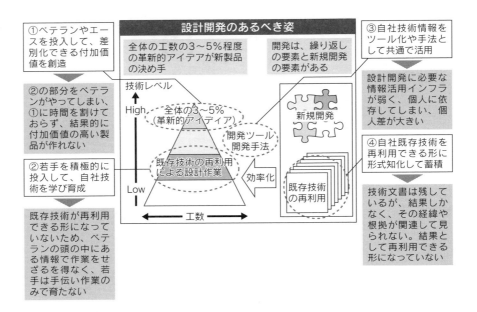

図1-3 製品開発のあるべき姿と企業の抱える現状

　図1-3は各企業の製品開発トップと一緒に考えたものをまとめたものだ。製品開発において、革新的なアイデアの部分は全体の10%にも満たない。残りの大半は、基本的に既存技術の再利用による設計作業である。こういった考え方をもとに、既存技術の再利用を促進させるためのナレッジ（技術根拠やドキュメント類）を蓄積しておく。それを同じようなツール・手法を使って活用していく。この再利用の部分を若手が積極的に行うことで技術力をつけていく。一方で、革新的アイデアの部分にベテラン、エースを投入する。このような考え方は製造業の製品開発の現場で本来、考えていることだと思う。

　実際、どういう例が多かったかというと、再利用設計作業をベテランエンジニアが頭の中に入っているロジックで行っており、結局、若手は言われた作業だけを行っている。結果として革新的なアイデアの検討に時間を割いてないというのが現状だった。

　ナレッジについては、ドキュメント類はしっかりと残されている。ただし、他人が活用できるようにはなっていなかった。なぜならば、結果の記録にとどまっており、その根拠がドキュメント作成者にしかわからないためだ。結局、参考にして流用することはできても、再利用は思ったようにできないというも

開発の全体感・影響範囲など技術可視化、活用できる基盤・仕組みの上に、**技術を再利用する単位を再検討し、コアとノンコア技術を明確化した開発スタイル**により、手戻りをなくし、タイムリーに市場に製品供給できる開発体制を構築する

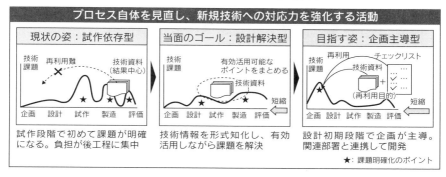

図1-4　試作依存型プロセスから企画主導型プロセスへ

のだった。

　そこで、製品開発の考え方を変えることにした。再利用する部分と新規で開発する部分を完全に分けて、新規で開発する部分にはベテラン、エースを投入する。再利用する部分は若手が中心に担当し、技術の経験を積んでいく。これを実践しながら、かつ開発工数を短くしていく。こういう取り組みが重要である。

　もともと、製品開発プロセスにおける企画段階では技術的な課題は見えておらず、試作段階になってようやく課題が出てくる。それを潰して製造試作の段階でまた課題が出てくる、ということを繰り返しながらモノを作っていく。こうした方法を「試作依存型プロセス」と呼んでいる。この方法では開発期間が非常に長く、手戻りも多い。また受注活動にも影響を与え、市場に製品が出るころには競合がすでに市場を握ってしまっている。

　そこで、我々は「企画主導型プロセス」を目指す姿と位置づけた（図1-4）。企画段階でなるべく多くの技術課題を出していく。これらの課題を潰しながら、開発プロセスを進めていくことが非常に大事である。

　これを実現するために、再利用部分を増やし、同時に新規開発の部分を明確にして、そこにヒト・モノ・カネをかける。これを実現するための技術基盤として「デザインモデル（Design Model）」を作っていく。「デザインモデル（Design Model）」は既存技術を可視化、構造化して再利用できる形で蓄積して

いく。それを若手への技術伝承や、開発工数削減、組合せ技術による製品ラインナップの拡充につなげる。こうした目標を掲げた改革活動を支援してきた。

 ソリューションビジネス成功に向けた
3つの視点（WHAT）

　今まで日本の製造業が直面しているビジネス環境変化と、ソリューションビジネス実現に向けた取り組みや考え方を背景（WHY）として説明してきた。それを踏まえ、我々が横河電機をはじめ過去の様々な企業に対する支援を通じて、ソリューションビジネス成功に向けた視点（WHAT）として大きく3つを挙げている。

(1) 顧客要求価値の視点
　・顧客が何を求めているのか？　顕在化していない顧客要求価値の認識とそれをマネジメントしてビジネスにする能力
(2) プロセスの視点
　・フロントエンドでの問題解決力
　・顧客と自社、顧客とその顧客といったバリュー・チェーン・プロセスの可視化
(3) 変化対応の視点
　・変化を受け入れる文化と組織の仕組み
　・自社にとって新しい価値提供をした実績の共有力

　これらの視点（WHAT）を踏まえて、製造業のソリューションビジネス実現に向けて5つの変革ポイント（HOW）を定義している。これら5つのポイントは我々が業務改革プロジェクトに携わってきた中で、経験しまとめてきたものであり、共動創発方法論のベースの考え方になっている。これらを導いてきた各社での改革活動を以降に紹介する。

第 2 節

小手先改革に終わらせないための「5つの変革ポイント」

第 1 項 改革活動から生まれた5つの変革ポイント

　今まで手掛けてきた改革活動の中から産み出されたのが、以下の5つの変革ポイントである。

①フロントエンドイノベーション

②フレキシブルオーガナイゼーション

③ビジネスリーダー育成

④レイヤー戦略/マージナル戦略

⑤グローバル技術基盤構築

このことについて以下、**図1-5**をベースに詳しく説明していきたい。

変革ポイント1 「フロントエンドイノベーション」

　今の自社技術と新技術、製品をどのように一番顧客に近いところで組み合わせて提案していけるか、顧客要求価値を提供していけるか、といった「フロントエンドイノベーション」が重要になってくる。顧客要求価値実現のスピードとプロセスが市場や売上の拡大にダイレクトに関わってくる。

注釈：フロントエンドとは、製造業の業務で言うところの営業や、販売した製品納入、納入した後のサービスなどの業務の部分であり、つまりは顧客との接点（コミュニケーション）部分を指す。

　ものづくり企業としてのフロントエンドを変えるとは、自社から顧客、また顧客から自社への「設計情報の流れ」を変えることである。顧客と自社間でやりとりされる「設計情報」の質や量を大きく変えることができれば、顧客と一体になって自社提供価値の変化速度も加速できる。

　例えば、いくら製品の設計内容を改良したとしても、その情報がいろいろな

21

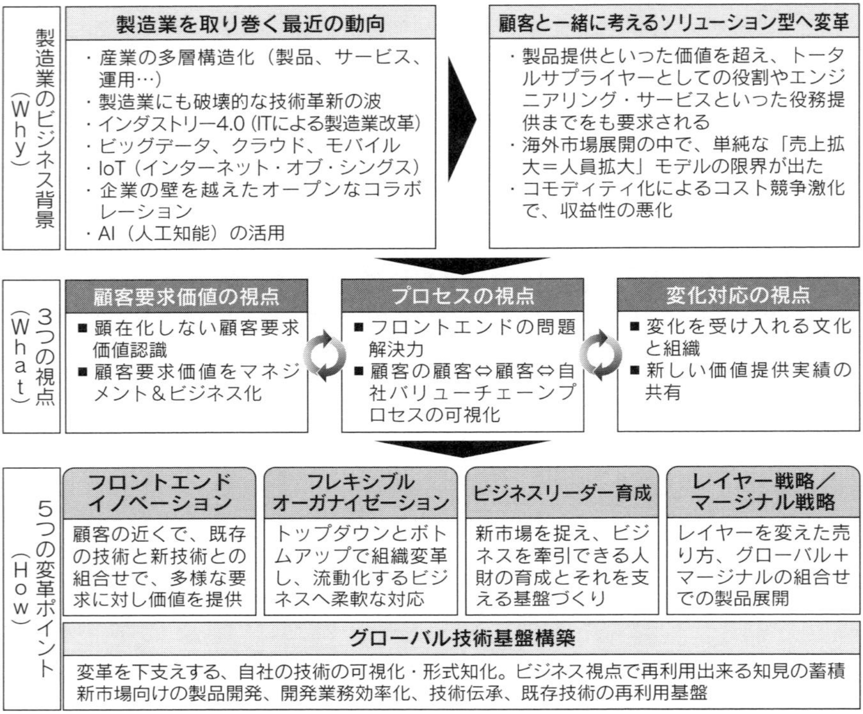

製造業のビジネス背景（Why）

製造業を取り巻く最近の動向
- ・産業の多層構造化（製品、サービス、運用…）
- ・製造業にも破壊的な技術革新の波
- ・インダストリー4.0（ITによる製造業改革）
- ・ビッグデータ、クラウド、モバイル
- ・IoT（インターネット・オブ・シングス）
- ・企業の壁を越えたオープンなコラボレーション
- ・AI（人工知能）の活用

顧客と一緒に考えるソリューション型へ変革
- ・製品提供といった価値を超え、トータルサプライヤーとしての役割やエンジニアリング・サービスといった役務提供までをも要求される
- ・海外市場展開の中で、単純な「売上拡大＝人員拡大」モデルの限界が出た
- ・コモディティ化によるコスト競争激化で、収益性の悪化

3つの視点（What）

顧客要求価値の視点
- ■ 顕在化しない顧客要求価値認識
- ■ 顧客要求価値をマネジメント＆ビジネス化

プロセスの視点
- ■ フロントエンドの問題解決力
- ■ 顧客の顧客⇔顧客⇔自社バリューチェーンプロセスの可視化

変化対応の視点
- ■ 変化を受け入れる文化と組織
- ■ 新しい価値提供実績の共有

5つの変革ポイント（How）

フロントエンドイノベーション
顧客の近くで、既存の技術と新技術との組合せで、多様な要求に対し価値を提供

フレキシブルオーガナイゼーション
トップダウンとボトムアップで組織変革し、流動化するビジネスへ柔軟な対応

ビジネスリーダー育成
新市場を捉え、ビジネスを牽引できる人財の育成とそれを支える基盤づくり

レイヤー戦略／マージナル戦略
レイヤーを変えた売り方、グローバル＋マージナルの組合せでの製品展開

グローバル技術基盤構築
変革を下支えする、自社の技術の可視化・形式知化。ビジネス視点で再利用出来る知見の蓄積
新市場向けの製品開発、開発業務効率化、技術伝承、既存技術の再利用基盤

図1-5　ソリューションビジネス実現に向けた全体像

組織や人を経ていく過程でロスし、顧客に届かなかったとしたら、顧客から見たら変化していないことになる。これはグローバル市場に広くいる顧客、今はまだ自社の製品を購入していない顧客を含めると、どれだけ多くのコミュニケーションロスが起こっているか想像に難くない。

　このコミュニケーションロスを最小化するためにも、社内で創造された「設計情報」が迅速に顧客に届くように、つまりフロントエンドに出ていく仕掛けが必要となる。そして、フロントの顧客との接点を中心に、企業内部の付加価値創造プロセスである設計プロセスの流れを組み立てることが重要になる。

　例えば、提案型営業モデルもこれに当てはまる。顧客要求を満たすための特注製品が多く存在する。これらは、1つの付加価値として顧客に認められているものもあれば、単に製品ラインナップの不備を埋めるための特注製品も数多く存在する。重要なのは、営業が顧客との商談の中で判断でき、その場で提案し、商談スピードを加速させ、競合を排除することである。

第1章　なぜ、日本の製造業は「ソリューションビジネス」で成功しないのか？

　日本の製造業はこれまで、そういった特注製品への対応を技術者が時間をかけて進めていたが、それではグローバルビジネスのスピードに追いつくことができない。例えば、今までの国内商談では顧客要求と自社提供製品をすり合わせしながら提案内容を詰めていく。そういったプロセスが主流だった。ところが海外商談では、RFP（提案依頼書）が提示され2週間以内に見積もり回答が要求されることがザラにある。今までのすり合わせ型商談プロセスと違い、短期間で対応できなければ失注し、リスクを読めないまま提案すると赤字受注となることもある。今では、海外商談同様に短期間での見積もり回答を要求されるケースが、国内商談でも主流になりつつある。

　提案型営業商品としてはパソコンがわかりやすい例だろう。今時パソコンメーカーの担当者と機能や仕様を相談しながら購入することはなく、すべてWebで必要な機能や仕様を選択し、そのまま購入できるようになっている。これからはB2Bの工業製品であっても、顧客の要望に合った製品をすぐに提供できるようにすることが重要だ。そうすればより高度で高付加価値を提供できる部分に、技術者をシフトすることができるようになる。これを実現する上で重要なのが、コンフィギュレータであり、そのマスタ情報を整備するための可視化され、組合せ活用が可能な技術情報である。

　B2Bの工業製品を扱う日本製造業の多くは、顧客からの厳しい要求にも応えることで、長期的な関係を構築するビジネスで成長してきた。つまり、受注設計による製品提供が主流であり、受注設計で対応した製品を一般的には特注製品、もしくは特注品と呼ぶ。しかし、海外ではこの特注品がほとんど売れていない。逆に海外でも特注品の領域の製品が売れれば、ビジネス規模は従来の数倍に拡大する。こういった環境に悩むケースをかなり多く見てきた。

　では、なぜ海外で特注品が売れていないのだろうか？　まず海外の営業の技術的な知識不足が指摘できる。日本の技術部門との距離（物理的距離、時間的距離、言語的距離）があり、問合せ対応が難しい。「この組合せは対応可能か？」とか、「この場合のコストはどの程度か？」といった確認調整をしている間に商談が進んでしまう。競合に先手を取られてしまう。したがって、すぐに売れる標準品しか売らなくなってしまう。

　結果として、標準にない製品は競合他社に取られてしまうこともある。これを何とかしてくてならないという背景が存在していた。この課題に対する改革のキーポイントは、「ラインナップの拡大」、「製品のモジュール化」、そしてそ

23

れらを実現するためにコンフィギュレータというソリューションの導入だった。

このコンフィギュレータの導入により、今まで技術者を交えて調整しなくてはならないような組合せ提案が営業サイドですべてできるようになるため、商談スピードを上げ、競合に先んじて受注することが可能になる。

これまでこのような施策を取り入れることができなかった最大の理由は、これらの製品がすり合わせ型の製品の典型ということだった。すり合わせ型製品では、単純に排他制御だけでは仕様を決められないのが現実だ。そこで、技術計算と排他制御の組合せが必要になってくる。このような製品が日本の製造業では依然として多い。かつては市場で優位性を持っていたすり合わせ型の製品は、グローバル化と商談スピードの加速、市場の拡大によって、逆に弱みになってしまった。

図1-6のように組立型製造業の生産方式は、大きく4つのパターンに分けることができる。
①完全個別受注型：ロケット、産業用ロボットなど
②完全見込生産型：家電などの量産製品
③個別受注であるが設計がないもの：PC（まさにDellモデル）やシステムキッチンなどの組合せ製品
④個別受注で設計があるもの：製造装置や工作機械などの受注設計品

①と②はコンフィギュレータ導入の効果はほぼない。逆に、③は非常に効果が大きく、ほぼ必須。そして、④は非常に効果が大きいものの導入が難しい。前述のような技術計算を踏まえて、さらに排他を掛けるというようなすり合わせをすべて表現しなければならないからだ。設計情報を整理して構造化することが難しく、実現例が少ない。

③の代表的な例であるパソコンのように、「計算の機能を上げたい ⇒ CPUを変える」、「記憶容量を増やしたい ⇒ ハードディスクを交換する」、こういう単純な組合せではなく、④の場合は、例えば車の走行性能を上げる際に、単にエンジンの変更にとどまらず、サスペンションやボディーなど多くの部品を見直す必要が出てくるのに等しい。

特注製品の開発は、何をどう調整していくかというところがノウハウであり、このノウハウが人に依存し、管理共有できていなければ、改革の道筋は見えてこない。ここで共動創発方法論を使い、この問題の複雑性を解くことが改

第1章　なぜ、日本の製造業は「ソリューションビジネス」で成功しないのか？

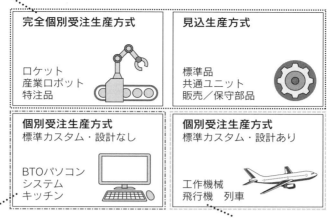

出典：株式会社ニッセイコム「SAP ERP 導入テンプレートソリューション GrowOne Comp. 産業装置製造業」
http://www.nisseicom.co.jp/solution/sap/imc.html

図1-6　生産パターンとコンフィギュレータでの効果

革成功のポイントである。これは開発部門が主体的に行うべき取り組みであり、さらにビジネス効果を出すには製品の複雑性を解くだけでなく、開発プロセスそのものも見直しが必要となる。つまり、本質的には開発プロセス改革なのである。

　開発プロセス改革で可視化された情報を使い、コンフィギュレーションを回すためのマスタデータを構築していく。可視化、構造化された情報から、各モジュールやユニットごとのルールというものを作成する。本体のルール、ユニットAのルール、ユニットBのルール、それらを組み合わせたときのルール、これらはまさに設計者がかならず作成する設計仕様書そのもの。それらをフォーマット定義して、そのまま読み込んでインポートという形でコンフィグルールエンジンに入れていく。要は設計仕様書を作成すれば、それがそのままコンフィギュレータのマスタデータになる。この方法により、劇的に工数と期間が削減された。

実は過去、十数年、コンフィギュレータのプロジェクトを何度か失敗したことがある。それはコンフィギュレータのマスタを直接作成したことに起因している。コンフィギュレータの導入は、営業部門を中心に技術部門を巻き込みながら実施するのが一般的だ。しかし、そのマスタは技術部門が管理しているものとは異なるため、製品のラインナップ変更や、新製品の投入、設計変更対応の際に、どのようにマスタを修正するのかが一部の担当者にしかわからないことが多い。

また、修正量が膨大で新製品のリリースに間に合わず、新製品が出てから数カ月経たないとコンフィギュレータで動かせないということが起きていた。さらには、最初にマスタデータを作成した技術者が退職し、誰も追加・変更できなくなってしまったという問題も発生する。今回の方法（技術として必要な情報を作成し、それが自動的にコンフィギュレータに搭載されるという仕組み）により、今まで起きてきた問題をなくすことが可能になった。

さらに、同じフォーマットで他の製品やユニット、モジュールを定義し、組合せラインナップを一気に拡大することも可能になる。部分的な変更に対しては、変更部分のみをメンテナンスすることで、それら製品やユニットの組合せで展開する製品ラインナップ全体のマスタデータが変更されるため、マスタのメンテナンスも非常に楽になる効果も出ている。実際の効果試算では、マスタメンテナンスの工数は約1/10になるとみている。

こういった運用を含めた仕組みを構築することが、単純に営業サイドで売りやすくなるだけでなく、本当の意味で顧客に一番近いところ「フロントエンド」のイノベーションだと言えよう。

変革ポイント2 「フレキシブルオーガナイゼーション」

トップダウンとボトムアップで、流動化するビジネスに柔軟に対応するための組織変革が、「フレキシブルオーガナイゼーション」である。

例えば、ある市場が一気に伸びてきている。ある顧客が大きな投資をしていく。企業は、そうした領域にヒト、モノ、カネを投入していきたいと考えている。ところが、既存の組織は縦割りのサイロになっており、ヒトが流動的に動けなくなっているケースがよく見受けられる。また、既存の組織には売上・利益のKPIが当然のようにあり、新市場や新ビジネスに対して積極的な投資が難しい状況もある。ではどうやって市場変化のスピードに追随し新ビジネスを獲

得できるのか？　そこで縦割りやサイロを取り払った人の流動化が重要になってくる。

　限られたリソースで効率的に多様な市場に対応した製品・ソリューションを展開するためには、製品の複雑性を解くことが重要である。つまり「アーキテクチャ」の変革が必要であり、それに伴い、設計情報の管理方法もITを活用して強化する必要がある。しかし、新しいITシステムさえあれば必ずしも「組織力」が得られるわけではなく、新たな開発マネジメントシステムを確立するには組織そのものを変える必要がある。

　従来型の製品単位での開発マネジメントシステムでは、製品単位を軸としたビジネスユニットで事業組織が形成されており、人やお金を管理している。先ほどの例で示す、A事業部とB事業部の2つで共有するモジュール開発費用はどちらが負担するのか、人はどちらから出すのか。組織を跨いだリソース活用の融通が利きにくいのが多くの製造業の現状である。

　ただし、同じ技術者であれば、誰でも開発設計業務ができるというわけではない。そこで、自社の技術根拠が蓄積され、活用できるグローバル技術基盤が重要になる。これらを活用することで技術者の流動化が進み、別部門の技術者が新たな部門で短期間に設計開発が行えるようになる。

　この根底には、成長というのは非連続であるという認識がある。連続的な成長、つまりは落ちることもあるがまた昇っていくと思っていると、現状を変えなくてもいつか成長に転ずるだろうと考えがちだ。これは大きな間違いであり、成長カーブはつながっていない、非連続な成長カーブなのである（第5章の図5-4）。これに関しては、後ほど事例でも紹介する。異なる技術や、市場、顧客、サービス、販売方法、そういった変化があって成長しているということなのである。日本の製造業というのは、顧客に対してずっと製品なりサービスなりを提供していくことが大事という、いわゆる継承性に対して強い思いを持っている。

　例えば、日本の製造業が、あるソフトウェアを使っているとする。そのソフトウェアベンダーが既存バージョンのサポートをやめるというと、大騒ぎして、日本だけサポート期間を長くしてもらおうとする。実際には継承性はないが、今使っているソフトウェアよりも、機能的に優秀なソフトウェアが提供されているとしても、なかなか切り替えようとしない。

その際に日本の製造業の開発部門は、「検証が大変なんだ」と主張するのだが、アーキテクチャもテクノロジーもどんどん新しいものに変わってきている中、切り替えるリスクばかりに目を向けて無理に使い続けるより、切り替えていかないことのリスクやコストには目を向けない。つまりは、ずっと同じものをやっていかなければいけないという、継承性への強すぎる思いは、長期的な視点でのビジネスの成長に対して、逆に足かせになることがある。組織改革や人財改革もこういった"非連続な成長"の重要性を深く理解して進める必要がある。

　縦割り組織と機能別組織を例示してみる（図1-7）。この例では、開発組織が事業部門から抜けて、横串の機能別部門になっている。今まで事業部の中にあった組織を切り出すのはインパクトの大きな改革である。事業単位から事業横串の機能別の開発組織に変わるということは、例えば、開発を始めるときに、製品事業責任部門は「こういうプロジェクトをやるので、このようなスキルを保有しているリソースを××人ください」という形でプロジェクトを起こし、開発を行う。つまりは、プロジェクト型のリソース管理である。
　それが開発期間だけでなく、製品リリース後の保守・メンテナンス時の技術的な対応も、そういう技術者のリソースの調整が実施されることから、事業部門と開発部門の関係は大きく変貌することになる。また、ある開発が終了すると、今度は別部門の製品開発を担当することになり、人財の流動性も進むなど、ダイナミックな動きにつながる。
　ある企業の改革事例では、さらに、製品責任部門の中を既存製品の担当部隊と、新製品担当の部隊の2つに完全に分けた。今までは事業部門の中で新製品開発も行っていた。しかし、A事業部もB事業部も一番のKPIはプロフィットであるため、既存の製品に加えて、新製品の開発にコストを投入するのはできれば避けたいところだろう。そこで新製品と言いながらも、既存製品の機能拡張など時間とコストを省いた開発で済ませるというのが、今までの新製品であった。
　そこで、コストセンターとして新事業を立ち上げた。組織を機能別にしたことで、今まで縦割り事業部門の中でそれぞれ同じような業務を行っていたものを共通化し、リソースを最適化し、投資に回す人財の確保を実現することができたのである。
　新製品を立ち上げるということを明確にし、実行したことが、今回の事例の

従来の事業部制組織を機能別組織構造に変革を行った。その狙いとしては、
・新規事業向けの**戦略的なリソース捻出**
・既存事業における最適リソース運用
・業務標準化による関節工数の削減

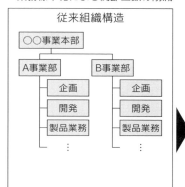
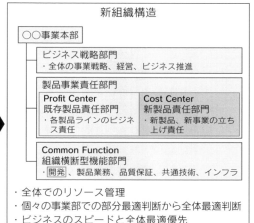

図1-7　縦割り組織と機能別組織

非常に重要なポイントであった。そして、ある特定の事業からパイロットスタディとして取り組むのではなく、事業本部全体で一気に実施したことは、トップの意志を社内に示す効果もあった。

変革ポイント3　「ビジネスリーダー育成」

「新市場やビジネスを牽引する人財の育成と基盤づくり」、今企業が一番求めているのはここかもしれない。

この事業環境変化の激しい時代に生き残るには、変革ポイント1のフロントエンドイノベーションだけでは十分ではない。なぜなら、自社の事業に重要なインパクトを与える変化が、必ずしも自社と接点のある顧客や、自社がカバーしている市場、産業から起きるとは限らず、別の産業や市場で起こる可能性があるからである。また同様に、変革ポイント2のフレキシブルオーガナイゼーションだけでも十分ではない。その理由は、自社の事業として将来的に重要な技術が、必ずしも企業内で開発できるとは限らないからである。

このような企業外部変化というトリガーに鈍感な企業の場合、自社の事業を脅かす「破壊的イノベーション」を起こす企業が現れ、脅威にさらされる可能性が高い。そして、今はそのような「破壊的イノベーション」が起こりやすい変化の激しい時代と言える。

　そのような「破壊的イノベーション」に対応するためには、企業の壁を越え自社と直接関係ない市場、産業、技術に対してもアンテナを張り、それらの変化から自社ビジネスに重要な影響を与えそうなものに反応し、「破壊的イノベーション」が起きる前に備える。もしくは自社から仕掛けることができるビジネスリーダーが求められる。また、積極的に外部の産官学のスペシャリストとつながり、コラボレーション（共動）を仕掛けるなど、社外にあるビジネスのシーズを発見し、取り入れ、育てることができるハブとなることもビジネスリーダーの重要な役割である。

　しかし、エンジニアの中には技術レベルが高くても、それをどのようにビジネスの拡大につなげていくか、という意識が低い人が見受けられるのが現実だ。市場を開拓する、拡大するのは常に営業・マーケティング系の役割と思っているのかもしれない。しかし、目まぐるしく変化する今日の事業環境において、顧客や市場に自社がどのような価値を提供できるかを考えるには、技術者がよりフロントに赴き、解決手段を検討し、ビジネスを作っていかなくてはならないし、その問題解決手段を実現するために、企業内に限らず外部の技術も取り入れるオープンな開発をすることが求められる。

　このような人財を育成するためにも、ビジネスリーダーに求めるべき役割を間違えてはいけない。ビジネスリーダーに求めるべき役割は「ものづくり変革」を加速する人であり、市場に新しい価値を提供し続けることである。

　それは長期的なビジョンに向けて、企業組織全体のベクトルを向かわせることであり、その向かわせる先にある「ものづくりモデルが変革した姿」というのは、今のものづくりモデルが当たり前と思っている多くの社員が理解しにくいものと言える。したがって、多くの利害関係者すべての人のコンセンサス（合意）を簡単に得られる構想では決してなく、例えば、短期的成果での評価、多くの関係者すべてのコンセンサス（合意）を得ることを活動条件にしてはいけない。さらには、評価制度などの人財改革とともに、適切な役割へのアサインと権限付与、支援する体制など、そのような人財が活躍するための包括的な改革を実行し、社内にある枷を取り除くことで、社内という閉じた世界で活躍するリーダーではなく、社外の関係者も巻き込み、エコシステムにおける

第1章　なぜ、日本の製造業は「ソリューションビジネス」で成功しないのか?

同職種内の成長だけでなく、幅広い職種を計画的に経験を積ませることで、最終的に市場に対するビジネスリーダーとなる人財を計画的に育成する

		営業／ビジネス系					技術系							業務系			管理系
		営業	マーケティング	ビジネス企画	製品企画	プロダクトマネジャー	プロジェクトリーダー	上級エンジニア	エンジニア	技術スペシャリスト	品証エンジニア	標準化エンジニア	技術管理	社内コンサルタント	業務スペシャリスト	コーディネーター	コントローラ
ハイレベル	レベル7	○	○	○		◎				○		○		○	○	○	○
ハイレベル	レベル6	○	○	○		○ ❹	○	○		○	○	○	○	○	○	○	○
ミドルレベル	レベル5	○ ❸	○	○		○	○	○		○	○	○	○	○	○	○	○
ミドルレベル	レベル4	○		○		○	○	○ ❷		○ ❷	○	○		○	○	○	○
エントリレベル	レベル3	○						○ ❶	○	○				○	○	○	
エントリレベル	レベル2	○						○						○	○	○	
エントリレベル	レベル1	○						○ (新入社員)							○	○	○

図1-8　キャリアパスの例

ビジネス、ならびに技術の「ハブ」になれる、企業外でも存在感のある真のビジネスリーダーが育成されるのである。

　例えば、そういった人財を育成するためには、最初から市場をリードする人財を定義し、そこに向かって成長していくような機会や仕組みが必要になってくる。単純にある特定の技術領域だけを行うのではなく、様々な技術領域を経験し、企画や営業といった部門を経験させ、感度の良いセンサーを身に着けた人財を育成していくことが技術部門にも求められていると言える。1つの事例として、キャリアパスプロジェクトを紹介する（図1-8）。

　特にビジネス系の人財を増やしたいという要望は、どの企業でも命題になっている。技術中心企業が多く、「技術系人財の教育」には投資をしてきている。ただし、今後の人財の取り組みには大きく2つのポイントがある。

　1つはレベルの考え方だ。「レベル6」というのは企業内の第一人者、スペシャリストであって、その製品なり、技術なり、その業務のスペシャリストを意味している。そこに今回「レベル7」というのが新しく定義された。レベル

7とは、「市場に対してインパクトを与える人財」を指す。こういう人財を育成していくことを意思として示した意味は大きい。

2つ目は、各職制によってレベルの上限があるということ。技術職の新入社員が順調にキャリアアップしていくと「レベル4」が上限となる。これは、設計開発作業にのみ従事する場合は「レベル4」までしか上がらない、ということを明示してる。これ以上のレベルに上がりたい場合は、例えばコア技術のスペシャリストになるか、「技術スペシャリスト」というところに行くか、もしくはビジネス系の「プロダクトマネジャー」と言われる製品ビジネス部門の責任者を目指すか、を自身のキャリアプランと企業方向性を見据えて判断していくことになる。一方企業は、個人の成長を支援する体制を充実させていかなければならない。

変革ポイント4 「レイヤー戦略／マージナル戦略」

4つ目の変革のポイントは、製造業として最も大事な製品そのものの戦略立案を見直すことだ。「レイヤー戦略／マージナル戦略」と我々は呼んでいる。例えば現在、販売している製品の市場、顧客、さらには顧客の先の顧客まで見据えたレイヤーをターゲットにしたビジネス開拓、製品開発をしていかなければならない。そこで、製品だけでなく、製品同士を組み合わせたり、ITシステムやサービスなどと組み合わせたりするなど、新たな付加価値を編集し提供することが必要になってきている。そのようなビジネス要求に対応できる「製品アーキテクチャ」に変え、グローバル市場変化を糧に成長するための戦略が必要になる。

レイヤーとは自社がビジネスをしている領域を広げる、もしくは変えていくことを意味している。前述した例の携帯電話ではユーザー、キャリア、携帯電話メーカー、部品メーカーといったレイヤーがあり、日本の携帯電話メーカーはキャリアを見てビジネスをしていた。そこにアップルがiPhoneを持ち込んだことでそのレイヤー構造は崩れ、ユーザーが直接iPhoneを選択する形に変わった。このように自社がどこのレイヤーでビジネスをしているのかを意識しながら、拡大するのか、変更するのかを見極めながらビジネス企画をしていかなくてはならない。

マージナル（周辺）戦略とは、今まで日本で開発したものを海外に展開し、

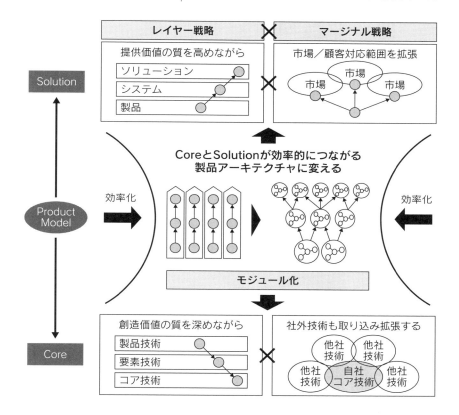

図1-9 「レイヤー戦略/マージナル戦略」とその中核にある「モジュール化」

必要に応じた海外オプションを付加するような開発手法を見直すことである。日本もグローバル市場の中では1オプションと位置付け、グローバルの標準モデルに対して日本のオプションを開発していく。北米では、日本オプションを外して北米のオプションを付加する。そういったマージナル（周辺）開発を推進しなければならない。その際に、いかに既存技術を再利用して開発のスピードアップを図れるかも重要だ。

この戦略の中核にあるのが、製品と製品、モジュールとモジュールのように、価値と価値、設計資産と設計資産を組み合わせることでより質の高い価値、または、より広い要求範囲に効率的に対応できるようにする「製品アーキテクチャ」に変わることであり、つまり「モジュール化」である（図1-9）。

しかし、「モジュール化」といっても本来は多々あり、設計視点、製造視点、

調達視点など、どのような視点を中心に「モジュール化」をするかが重要である。そしてそれは「モジュール化」の目的による。「レイヤー戦略/マージナル戦略」で必要な「モジュール化」はグローバル市場における売上向上であり、「顧客視点のモジュール化」ができるかが重要となる。そこで、よくある「現実世界」の業務、モノの構造などを切り口とするのではなく、付加価値を高めるプロセスにある「思考世界」の「設計プロセス」を切り口とする。そのような「モジュール化」のための製品モデルの可視化分析、構造化が重要となり、それが我々の「モジュール化」の特徴である（図1-10）。そして、それをするためには「デザインモデル（Design Model）」を獲得しなければならないのである。

「単純な製品売り」から「ソリューション売り」に変わるということは、より顧客の課題解決に対する価値、責任を求められることでもある。それは、顧客の要求、課題を理解する、つまり「要求仕様」の設計力が必要であるとともに、その課題解決のための「技術」に対する知識も必要となる。

例えば、従来の「単純な製品売り」ならば、ユーザーが自分達で要求通りに使えるかをメーカー側が提示する「製品仕様」を見て、判断し購入する。この場合、使えなかったとしても提示している「製品仕様」に偽りがなければ品質

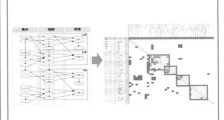

図1-10　共動創発の構造化分析手法

責任の範疇とならない。つまり、顧客の使い方が悪いのである。

　しかし、「ソリューション売り」の場合、具体的な問題解決という要求に対して効果がなければ、そもそも「ソリューション」として価値がない。その価値を提供するためには、自社の製品や技術で対応できなければ、他社の製品や技術を採用してでも対応することも必要になる。したがって、それらに対応できるより深い技術的な判断が必要となり、そのために「設計根拠」という知識の蓄積が必要である。我々の「デザインモデル（Design Model）」でも、単純に設計プロセスとそこにある設計ロジックだけでなく、その裏にある「設計根拠」もマネジメントするようにしている。これにより、現在のレイヤーとは異なるレイヤーにおける要求への対応力、他社技術の採用判断能力などが高まり、ソリューション全体の編集能力を向上できる。

変革ポイント5 「ビジネス拡大の手段としてのグローバル技術基盤」

　今まで示した4つの変革ポイントを下支えするものとして「グローバル技術基盤」が必要である。前述のデザインモデル（Design Model）を運用する仕組みそのものだ。自社の技術を可視化、構造化することでモデル化された情報として共有し、活用、再利用するための基盤となる。実現手段として、PLM（製品ライフサイクル管理）やCAD、ナレッジマネジメントシステムなどがある。ただこれらの導入を目的化してしまうと、改革はとん挫してしまう。それらの仕組みは手段の1つであり、手段ありきの改革は、多くの企業がこれまでのERPやSCM導入でさんざん失敗してきたことである。変革するためのポイントを明確にして、それを支える手段として「グローバル技術基盤」を捉えなくてはならない。この位置づけが非常に重要と考えている。

　通常「技術基盤」という言葉は、開発効率化のための技術基盤として用いられることが多い。しかし、我々の考える技術基盤のポイントは、グローバルビジネス、ソリューションビジネス実現のための技術基盤であるべきとしている。このように同じグローバル技術基盤と言っても、目的や視点を変えることでその意味するところが変わってくる。経営者と設計開発部門が同じ視点に立って、初めて経営にインパクトを与える設計開発部門の改革として理解され、トップダウンとボトムアップの両輪で改革活動を推進できるようになる。

　デザインモデル（Design Model）を実現するために、技術を可視化、形式

知化、構造化する仕組みは、
- 「iDFC」（エレメント間の関係性をフローで可視化）
- 「タスクエレメント」（設計検討する単位がどういう手順で、どういう関係性（入出力、プロセス）でできているかを整理）
- 「DSM」（Design Structure Matrix：関係性や構造の最適化分析）
- 「タスクエレメントビューワ」（整理された情報の共有）

などのツール類を使って構築する。これらは、後ほど事例とともに詳しく紹介する。

第2項 改革成功のCSF

我々の活動を通じて改革を成功に導くために、必ず実施しなくてはならない事柄が大きく3つあると考えている。1つ目は「改革の目的」を何に置くかということ。業務効率の向上だけに置いてはいけない。受注や売上拡大といったビジネスインパクトを与えられるものに必ず設定しなければいけない。これがないと、投資やモチベーション、メンバーのアサインが難しくなる。

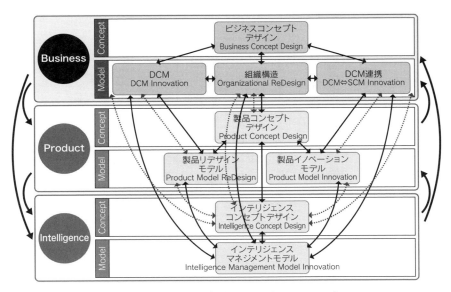

図1-11　トップダウン&ボトムアップ

2つ目のポイントは、「トップダウン&ボトムアップ」という考え方である（図1-11）。3階層の「Business」、「Product」、「Intelligence」。このレイヤーのインタラクティブ（双方向）な関係性が重要になる。特に設計開発領域を含めた改革は、「Product」、「Intelligence」にかなりフォーカスしており、「Business」レイヤーとのつながりがない。このため経営層からすると、あまりモチベーションが働かないことが多い。技術者出身の経営層であっても立場上、売上・利益には着目せざるを得ない。そこを上手くつなげることが非常に重要になる。

まずは、トップレベルのコミュニケーションを行うことが不可欠だ。今支援している改革では、経営トップと推進者がほぼ毎週、「週次定例」を実施している。プロジェクトの進捗状況や実際の開発業務で起きていることと、経営トップとして現在思っていることや新たに見えてきた課題などを共有し、早い段階ですり合わせしていく、もしくはディシジョンをしていくためだ。一般的に世の中には「3カ月に1回報告」というプロジェクトも数多く存在するが、3カ月後にはトップの意思が変わっていたりする。そうした離齬を起こさないためには、なるべく短い単位ですり合わせを行うことが重要である。

3つ目のポイントは、「改革成功の条件」と呼ぶものだ（図1-12）。改革が

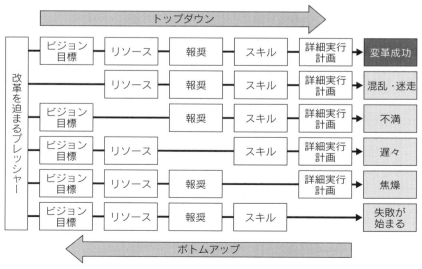

図1-12　改革成功の条件

成功するためには、「ビジョン・目標」、「リソース」、「報奨」、「スキル」、「詳細実行計画」などがそろっていなければならない。もし「ビジョン・目標」がなければ、どこに行ってよいかわからず混乱し、迷走する。逆に「スキル」がなければ焦燥感が漂い、進まない。「詳細実行計画」がなければ状況の把握ができず、失敗が始まる。

　そこで、まずはこういった要素をしっかりとそろえることが重要だ。さらに、ここにはトップダウンとボトムアップという考え方を取り入れた活動でなければならない。ビジョンや目標に対して明確にリソースを与えることはトップの役割である。現場がビジョンを考えるということはあり得ない。しかし、それをどう実行していくか、また実行にあたってスキルをいかに磨かなければならないかを考えることは、ボトムアップの役割である。よくある失敗は、トップが方法論であるHowを言ってしまうことだ。「自分の経験上、こういうことをしたら絶対成功するからこれをやれ」と具体的な施策を言ってしまうと、それを受けた人はその施策をやることだけが仕事になり、自発的に考えなくなる。これでは成功は望めない。

　「ソリューション」とは、顧客の課題に対する解決策を言う。ここで重要なのは、顧客から発せられる要望や要求に応えることが顧客の課題を解決し、彼らのビジネスを成功させるための方策やソリューションなのかを見極めることだ。ここを間違えると、ただ顧客の言うことを聞いてこなしているだけになる。課題は何かを考える力をつけることが大事であり、そのためには自分たちの技術をどうやって活かし提案していくか、そこに尽きる。

　ソリューションビジネスというのは単純にサービスだけではなくて、製品そのものも顧客からすると解決策であることもある。それらを的確に提案できるような、人財を育てていくことが不可欠だ。この後の章で、実際に変革をするための手法や事例をもとに具体的に紹介していく。

第 **2** 章

ものづくりモデル
変革手法

前章では、ソリューションビジネス成功に向けた視点や「変革ポイント」について述べてきた。本章ではそのポイントを受けて、実際に「ものづくりモデルの変革＝Disruption」の必要性、ならびにそれを実行するための「手法」について紹介したい。まず第1節では、ものづくりモデル変革の必要性と、手法を体系化する上で重要視した「経営理論」、およびその「経営理論」を参考にしながら、我々が共動創発として考えた手法の基本論理を説明する。また、本章では青山学院大学ヒューマン・イノベーションセンターの阿部先生に執筆いただいたコラムの前編を紹介する。

第1節

ものづくりモデル変革の必要性

日本製造業に必要な「破壊的イノベーション（Disruption）」

　製造業がソリューションビジネスをするためには、第1章で示した5つの変革ポイントを実現し、自分たちが長い時間培ってきた「ものづくりモデル」に変革を起こすことが必要である。「ものづくりモデル変革」がなぜ必要なのか？　そして、それはどのようなものか？　これらを理解する上で重要な理論が「破壊的イノベーションの理論」と考えている（図2-1）。

　「破壊的イノベーションの理論」では、持続的イノベーション、ローエンド型破壊的イノベーション、新市場型破壊的イノベーションの3種類のイノベーションがあると示されている。この理論によると、「既存企業は持続的イノベーションの戦いでは、新規参入企業に勝つ可能性が高いが、破壊的イノベーションで攻撃を仕掛けてくる企業には、ほぼ負ける」とある。

　製造業がソリューションビジネスを始める際に、上記の3種類のどのタイプのイノベーションを起こすかが重要となる。結論としてはローエンド型にせよ、新市場型にせよ破壊的イノベーションを狙うことが重要である。どのようなイノベーションを起こすかの定義に比べると、ソリューションビジネスで提供する製品がモノかコトか、ハードかソフトかITシステムかということはさほど重要ではない。例えば、新しく立ち上げるソリューションビジネスが、「既存製品を売るための付加的な価値として、ITシステムを活用した保守サービスを提供する」という持続的イノベーションの位置づけにあるならば、破壊的イノベーションを起こす企業が現れたときに生き残ることは難しい。

　すなわち、製造業におけるソリューションビジネスとは、市場へ提供する価値、またそれにより得たい企業価値についての捉え方を変えること、つまり価値のパラダイムシフトを起こすことが経営戦略的観点における本質なのである。

　しかし、ローエンド型にせよ、新市場型にせよ、既存企業である日本製造業

製造業におけるソリューションビジネスとは、市場へ提供する価値のパラダイムシフトを起こすことが経営戦略的観点における本質である

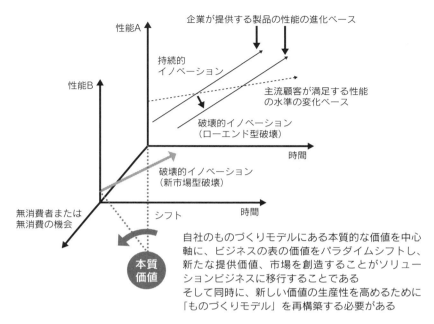

出典：クレイトン・M・クリステンセン他「イノベーションの最終解」櫻井弘子訳、翔泳社
　　　2016年に筆者が追記

**図2-1　破壊的イノベーションの理論と製造業における
　　　　ソリューションビジネス**

が破壊的イノベーションを起こすのは難しい。なぜなら、持続的イノベーションで成功してきた過去の成功体験を否定することにもつながり、培ってきた成功モデルである従来の「ものづくりモデル」のビジネスを破壊することにもつながるからである。例えば、現在の収益の柱である製品事業に置き換わるサービスを、他事業部が企画したとして、製品事業のみで成り立っている（と信じている）企業が、その新規事業開発を推進できるであろうか。たとえ、このような既存事業とのカニバリゼーション（共食い）が起きないとしても、ビジネスにおける価値をパラダイムシフトすることは多くの抵抗や困難が待ち受ける。

　それならば、今までの自社のものづくりモデルをすべて否定し、グローバル企業のベストプラクティスを導入すればよいかというと、そうではない。自社

のものづくりモデルを完全に壊すことは本来、新しい時代でも必要な企業価値、つまり自社の強みを失うことにもなりかねないからである。重要なことは、自社のものづくりモデルについて表層的に捉えるのではなく、より本質的な価値を理解することにある。つまり、自社のものづくりモデルにある本質的な価値を中心に据え、ビジネスの表の価値をパラダイムシフトし、新たな提供価値、市場を創造することがソリューションビジネスに移行することである。そして同時に新しい価値の生産性を高めるために、「ものづくりモデル」の再構築が必要なのである。

ものづくりの本質的価値を「設計情報の流れ」で捉える

「ものづくりモデル」の本質的価値を理解するには、本質を捉えるメガネとなる理論が必要となる。そのメガネとして、一番重要な理論が「ものづくり経営学」である。

この「ものづくり経営学」は、東京大学ものづくり経営研究センター（MMRC）が体系化し、その中にある「広義のものづくり」という概念で自社の企業活動を捉えることにより、その企業における「ものづくりモデル」の本質的な価値が見えてくる。

「広義のものづくり」という概念では、ものづくりを「人工物で顧客や社会を満足させる企業や個人の経済活動」と定義している（図2-2）。

そして、「人工物」とは有形、無形を問わず、あらかじめ設計された個物を指し、「取引される人工物」を「製品」とし、「製品」は、顧客にとって潜在的な付加価値を持つ「設計情報」が、何らかの「媒体」に転写されたものであると定義されている。

この「広義のものづくり」という概念が示唆してくれる一番重要なことは、ものづくりにおいて本質的な価値は「もの＝媒体」だけでなく「設計（Design）」にあり、それにより創造された「設計情報」にあることである。

ここでは、決して開発部門、設計部門だけが「設計情報」の創造をしているという狭い視野で見てはいけない。この価値創造プロセスには営業、製造、サービスなどすべての部門が関わっている。そして、この価値創造プロセスは社内に閉じた活動ではなく、顧客や協力会社を含めたエコシステムの活動として捉えるべきである。自社の企業活動からエコシステムへと自社の影響範囲を

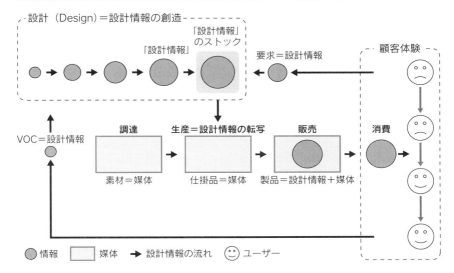

出典：藤本隆宏 編「『人工物』複雑化の時代」有斐閣、2013年に筆者が追記

図2-2 「広義のものづくり」概念

拡大して「設計情報」の流れを見ることで、自社がどのような社会的課題に対して、それを解決するためにどのような価値を提供できているか、そして価値提供に貢献している自社の技術（知識）が何かという本来の価値が見えてくるのである。我々が行う製造業改革支援においても、このような「広義のものづくり」という概念を用い、企業、ならびにその企業が参加する産業における人工物の設計・生産・利用活動全体を分析することで、その企業における本質的課題を見出すのである。

また、これらの考え方を現場発の実証的社会科学の一分野として研究しているテーマに「ものづくり経営学」がある。

「ものづくり経営学」における重要な理論として、「組織能力とアーキテクチャの適合が競争優位を産む」という考え方がある（図2-3）。ここでいうアーキテクチャとは、製品や工程といった人工物システムにおける、設計要素（我々はこれを"エレメント"と呼んでいる）の切り分け方とつなぎ方を示す概念であり、基本的な「設計思想」のことである。また「組織能力」とは、他

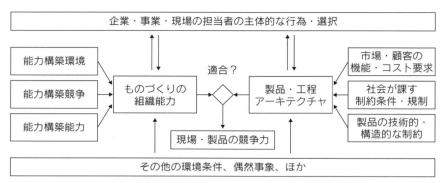

出典：藤本隆宏 編「『人工物』複雑化の時代」有斐閣、2013年

図2-3 「ものづくり経営学」の分析枠組み
－組織能力、アーキテクチャ、競争力－

社よりも上手に「顧客へと向かう設計情報の良い流れ」を制御する組織能力のことである。

この「ものづくり経営学」の考えから言えることは、顧客や市場に提供する製品（有形、無形に関わらず）を革新的に変える場合には、同時にその企業を中心とするエコシステム全体の「組織能力」を革新しなければ、その企業の競争力向上や企業の収益にはつながらない。我々が行う製造業改革においても、本来の改革成果を出すには、どちらの革新も同時並行的に進めなければならないということを経験的に理解している。したがって、「アーキテクチャ」と「組織能力」の両軸の革新をバランス良く進めることを重要視する。

価値のパラダイムシフト

この「ものづくり経営学」の視点から日本製造業の強さを考えると、その競争力の源泉は、「設計情報」の創造に直接関わっていた開発・設計部門、またそれ以外の多くの部門や協力会社、そして顧客をはじめ「設計情報の流れ」に関わる多くの人々が、プロアクティブに新しい価値（＝「設計情報」）を創造してきた強い現場にこそあると考えられる。

さらに、強い現場を通じて、エコシステム全体の「ものづくりの組織能力」が構築されていたことと、厳しい顧客要求に応えようとして複雑化したすり合わせ型の「アーキテクチャ」と「ものづくりの組織力」の両方が、上手く融合

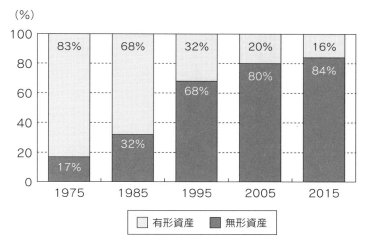

出典:'Annual Study of Intangible Asset Market Value from Ocean Tomo, LLC', Dec., 2013

図2-4　アメリカ企業の資産構成変化

しながら発展してきたことにあると考えられる。

　しかし、「強い現場」や「ものづくりの組織能力」を持つ日本ものづくり企業の競争力優位性が低下してきているという現実を捉えると、日本のものづくり企業が培ってきた「ものづくりの組織能力」や「アーキテクチャ」が、ビジネス環境変化に対して最適なものではなくなってきたと考えられる。

　その社会としてのパラダイムシフトとも言える急激なビジネス環境変化を象徴しているのが、アメリカ企業の資産構成変化である（図2-4）。

　これを見ると、かつての競争力の源泉は工場や設備などの有形資産であったが、それが優れた人財やノウハウ、ブランド価値などの無形資産に急激にシフトしているのがわかる。これは、いわゆるマイケル・ポーターがポスト資本主義社会として予言した、「知識社会」そのものがすでに到来しているということである。

開発領域改革からものづくりモデル変革へ

　我々は、今までに多くの製造業の改革を支援してきたが、特に重要視しているのが、開発領域の改革である。この開発領域の改革では、「広義のものづく

り概念」にある、「設計情報の流れ」そのものに着目しなければ大きな成果は出せないため、「設計情報」を作る「付加価値創造プロセス」そのものを変えなければならないのである。それを突き詰めると、設計者の頭の中にしかない思考プロセスをモデル化し、分析する独自の手法を確立する必要があった。それが、我々が提唱する共動創発のデザインモデル（Design Model）をコアに置いた独自の手法と体系である。

　また、業務改革だけでなく、組織や人財モデルの改革、モジュール化のような製品構造改革、コア技術を活用した新規製品を開発する改革など、複数の改革を同時に実行しなければ効果が出ない改革領域でもある。いかに複数の、それも主体者の異なる、一見バラバラに見える改革テーマを、有機的に関係性を保ちながら実行すること、そして実行を通じて効果を創出すること、またそれを定着させることの重要性を、いくつもの事例を踏まえてまとめる必要性を感じた。

　そして、「設計情報」を産む付加価値創造プロセスは、設計・開発部門だけでなく、全部門、さらには企業組織の枠を超えたエコシステム全体で行われるものである。特に近年では、それをビジネス環境変化に合わせて戦略的に変えることができる企業が競争力を持つ時代であり、グローバル化やITの発展などにより加速度的に「知識社会」にシフトしたことにより、ものづくり企業が製品だけでなく、製品同士を組み合わせたり、ITシステムやサービスなどと組み合わせたりするなど、新たな付加価値を創造し提供することが必要となってきている。

　つまり、開発領域の改革は、開発部門に閉じた改革ではもはや限られた成果しか出ず、それを顧客や協力会社含めたエコシステムまで広げた改革にする必要がある。しかし、そのための手法や体系が不十分であると日常活動の中で我々は感じ、「ものづくりモデルの変革＝Disruption」の手法としてまとめることとした。

　本書で紹介する手法は、ここで挙げたいくつもの「経営理論」を参考にし、多くの製造業における改革現場で産まれた日本ものづくり企業のための「ものづくりモデル変革」の手法である。

ものづくりモデル変革を支える3つのA

第1項 ものづくりモデル変革を支える3つのAの全体像

　製造業の価値創造プロセスを、経営視点でインプット、プロセス、アウトプット、アウトカムという構造にモデル化したのが図2-5である。

①インプット

　経営活動としての必要な資源を調達する、もしくは投資を行うことで獲得する。そこで得た人、モノ、カネ、情報などの経営資源を、工場や業務システムのようなビジネスインフラ、またはそれぞれのビジネスユニットの活動に振り分ける。

②プロセス

　各ビジネスユニット単位、または機能別に配分された経営資源を活用し、製品やサービスを産み出すための企業活動を行う。

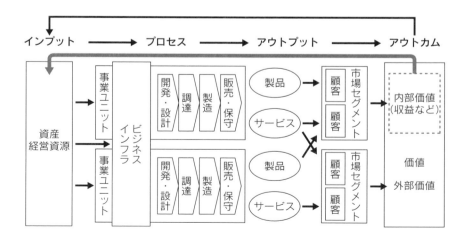

図2-5　製造業の価値創造プロセスモデル

③アウトプット
企業活動を通じて産み出された製品、サービスを顧客に提供する。
④アウトカム
産み出された製品、サービスが、顧客や市場へ提供されることにより、顧客や市場にとっての社会的な価値となる。それが外部価値であり、また同時に収益に代表される自社としての内部価値が産まれる。その産み出された価値から新たな資源を獲得し、次の企業活動につなげることで継続的に企業活動を高めていく。

ビジネス環境が大きく変化している今、製造業の経営層のトップは、この一連の価値創造プロセスを継続して実現させるため、「ものづくりモデル変革」によるパラダイムシフトを起こさなければならない。パラダイムシフトを起こす際のキーポイントが、以下に示す「ものづくりモデル変革のフレームワーク"3A"」である（図2-6）。

(1) アセット（Asset）：無形資産による価値生産性を高める
価値創造プロセスモデルにおける「①インプット」を、従来の製造業が、工場や設備など「有形資産」偏重から「無形資産」重視にシフトする。
(2) アーキテクチャ（Architecture）：エコシステム全体で価値生産性を高める
価値創造プロセスモデルにおける「②プロセス」、「③アウトプット」を、製品事業部門に閉じた最適化からエコシステムとしての全体最適化に移行する。
(3) アクセラレータ（Accelerator）：ビジネスモデル進化を加速する
企業起点から顧客起点のビジネスに、創造する価値を企業視点ではなく、社会、市場、顧客視点にシフトする。

図2-6　ものづくりモデル変革のフレームワーク「3A」

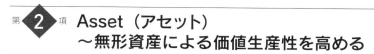

Asset（アセット）におけるパラダイムシフト
～「知識、ノウハウ、能力」重視の経営マネジメントにシフトせよ

　ものづくりモデル変革のフレームワークを構成する1つ目の要素はAsset（アセット）である。Asset（アセット）とは、直訳すると資産という意味であるが、ここでは、「ものづくりモデル変革」に必要なAssetの考え方を説明する。

　ものづくりの本質は、知識集約型産業である。顧客の課題を解決する「技術」を提供する。その「技術」を顧客に届けるために、「設計情報」という形に「技術」を体系化し、それを「媒体」に転写して作られた「製品（サービス含む）」として届ける。この「製品」、「設計情報」を創造するための「知識、ノウハウ、能力」こそ、価値を産み出す源泉となる「無形資産」である。

　しかし、今のものづくり経営マネジメントでは、依然として「有形資産」に偏っており、「有形資産」であるカネをどう配分するか、工場の設備をどう効率的に運用してモノの生産性を高めるかという視点が強い。

　そして、多くの経営層は、そういった「有形資産」の動きや、そこから産まれる価値、すなわちSCM側を主体とした流れから結果として可視化された、経営数値や財務指標で重要な意思決定をしていることが多い。その代表的な経営マネジメントシステム（経営管理手法）が、ERP（Enterprise Resource Planning）である。ERPは、企業資源計画とも呼ばれ、企業全体の経営資源を有効かつ総合的に計画・管理し、経営の効率化を図るための経営管理手法である。これを実現するための統合型（業務横断型）ITシステムそのものを「ERP」と呼び、多くの製造業がこのシステムを採用している。このERPでは、企業に散在する「知識、ノウハウ、能力」を可視化し、活用するための業務基盤としてはもの足りない。

　経営層のトップとして自社にパラダイムシフトを起こすためには、企業としての付加価値生産性を高めること、そのために付加価値の源泉である「知識、ノウハウ、能力」を可視化し、「知識、ノウハウ、能力」の活用を促進する業務インフラに投資をすることが求められる。つまり、「有形資産」重視の経営

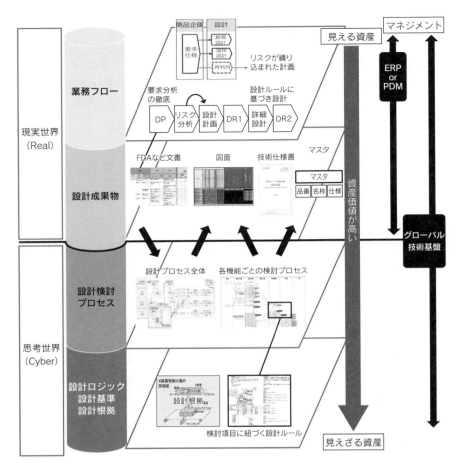

図2-7　見えざる資産を管理するグローバル技術基盤

から、「無形資産」、特に「知識、ノウハウ、能力」という「インテリジェンス(Intelligence)」重視の経営マネジメントへのシフトが必要である。

この「知識、ノウハウ、能力」という「無形資産」の事を「技術」と呼び、それをグローバルにある企業グループ全体でマネジメントするためのインフラを総称し、「グローバル技術基盤」と我々は呼ぶ（図2-7）。

これが、第1章でご紹介した【変革ポイント5：「ビジネス拡大の手段としてのグローバル技術基盤」】である。

Architecture（アーキテクチャ）
～エコシステム全体で価値生産性を高める

　ものづくりモデル変革のフレームワークを構成する2つ目の要素は、Architecture（アーキテクチャ）である。Architecture（アーキテクチャ）とは、直訳すると「建築術」という意味が最初に出てくる。もともとは建築で使われていた言葉で、建築様式や工法、構造などを表す言葉だが、近年はIT分野でコンピュータやソフトウェア、システムの基本設計や共通仕様、設計思想などを指す言葉として使われる言葉である。

　本書では、Architecture（アーキテクチャ）を「設計思想」と定義している。「設計思想」とはすなわち、設計対象である人工物システムを設計する際に、必要となるシステム全体を捉える基本的考えや方針のことである。（システムとは複数の部分が有機的に連携されて機能する1つの体系である）簡易な言葉で表すとすれば、「全体をどのような部分に分けるか」と「分けた部分をどうつなぐか」に関する基本構想のことを言う。

　ここでは、「ものづくりモデル変革」に必要な、新しい「アーキテクチャ」の考え方を説明する。

Architecture（アーキテクチャ）におけるパラダイムシフト（その1）
～製品売りビジネスに合わせて最適化されたアーキテクチャからの脱却

　ビジネス環境が激しく変化する中では、自社ビジネスの製品や工程などのアーキテクチャ（設計思想）をどのように変化させていくかという、アーキテクチャ視点の戦略が重要となる。どのような戦略を取るべきかについては、企業の置かれた状況によって異なるが、どの企業においても押さえなければならない基本となる戦略要件は、「ビジネス環境の変化に合わせ（市場・顧客の要求変化、社会的制約、技術的制約など）常に競争力の高いアーキテクチャに進化させなければならない」ことである。

　この戦略要件を満たすためには、自社のビジネスアーキテクチャの中核である、「製品アーキテクチャ」をリジット（固定して変更できない）なものとしてマネジメントせず、ビジネス環境変化に合わせて常に変化し、進化できるアーキテクチャにしなければならない。このように、「ビジネス環境変化に合わせて進化するアーキテクチャ」を獲得するために、ものづくり企業が自社に

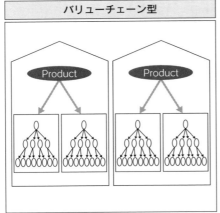 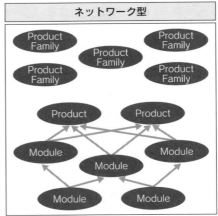

図2-8　製品軸ビジネス最適（バリューチェーン型）から
エコシステム全体最適（ネットワーク型）へ

　起こさなければならないパラダイムシフトは、今までの製品軸の商流（バリューチェーン型）で最適化されたアーキテクチャ（設計思想）から脱却し、全社やエコシステム全体で、設計資産を効率的に共有し、それらを動的に組み合わせることで提供価値を作ることができる（ネットワーク型）のアーキテクチャ（設計思想）に変える必要がある（図2-8）。

　このようなパラダイムシフトを実行するための戦略が、第1章でご紹介した【変革ポイント4：「レイヤー戦略/マージナル戦略」】である。

Architecture（アーキテクチャ）におけるパラダイムシフト（その2）
〜製品売りビジネスに最適化させた組織構造を変える

　ネットワーク型のアーキテクチャ（設計思想）に変えることと並行して、それを有効に機能させるため、新たな開発マネジメントシステムを確立する組織構造の変更も必要となる。
　従来型の製品単位での開発マネジメントシステムでは、製品単位を軸としたビジネスユニットで事業組織が形成されており、その事業構造の中で、ヒトやカネを管理している。事業部別に最適化されたいわゆる事業部別組織の構造で

第2章 ものづくりモデル変革手法

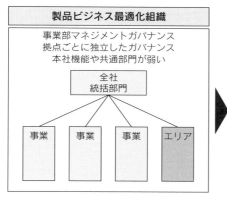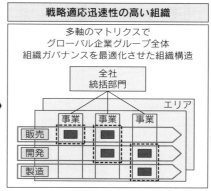

図2-9　製品ビジネス最適化組織から戦略適応迅速性の高い組織構造へ

は、その事業をまたがる製品開発はヒトの面、カネの面でも融通が利きにくいのが多くの製造業の現状である。この事業部別組織の弊害を残したまま、アーキテクチャ（設計思想）を変えようとしてもビジネス的なメリットは少ない。

「レイヤー×マージナル戦略」で目指す姿は、ビジネス環境、市場要求変化への迅速な対応、それを可能にするため社内／外の技術を組み合わせて効率的にソリューション、製品を提供する姿である。この際に、データ化された設計情報を部門間で共有、活用できればよいわけでなく、各部門に散在する優秀な人財をその都度、適材適所に配置転換し活躍してもらう必要がある。

この課題への対策が、第1章で紹介した【変革ポイント2：「フレキシブルオーガナイゼーション」】である。

さらに、製品売りビジネスからソリューションビジネスへ変わるには、自社の組織構造改革だけでは十分ではない（図2-9）。なぜなら、社内開発にこだわる自前主義から脱却し、協力会社と共同のオープン開発や、他社製品も組み合わせてより付加価値の高いソリューションを提供できなければならないからである。そのためには、自社と直接関係ない市場、産業、技術に対してもアンテナを張り、他社の製品や技術を自社ビジネスに組み込むなどを、自社から仕掛けることが求められる。

そこで重要となるのが、第1章でご紹介した【変革ポイント3：「ビジネスリーダー育成」】である。

53

第4項 Accelerator（アクセラレータ）
～ビジネスモデル進化を加速する

　ものづくりモデル変革のフレームワークを構成する3つ目の要素は、Accelerator（アクセラレータ）である。

　Accelerator（アクセラレータ）とは直訳すると"加速者"とか"（自動車の）加速装置"という意味であり、「コンピュータなどの特定の機能や処理能力を向上させるハードウェアやソフトウェア」、また最近では「ベンチャー企業の成長を加速させる仕掛けを提供する組織（"Startup Accelerator"）」のことをそう呼んだりもする。本書では、Accelerator（アクセラレータ）を「ものづくりモデルの変革、新しいモデルでのビジネス成長を加速させるメカニズム」、つまりは、ビジネスの中に組み込んだ変革を加速させる仕組み、仕掛け、または変革リーダーや変革組織のことと定義している。

　ここでは、「ものづくりモデル変革」に必要なAcceleratorの考え方を説明する。

Accelerator（アクセラレータ）におけるパラダイムシフト
～企業起点改革から顧客起点の改革に

　従来の改革は、自社製品を既存の商流でどう売るかという意識が強い。つまり、企業起点の発想から産まれた改革である。しかし、これからは自社の製品力や組織力が強ければ生き残れるわけでなく、顧客や協力会社を含めたエコシステム全体の強さが重要となる。特に重要なのは顧客で、一体となって変わっていくことにより、自社から顧客を通して社会に提供できる価値を変えていかなければならない。つまり、顧客起点の改革が必要となる。

　そして、顧客とは今の大口の顧客のことだけでなく、グローバル市場に多くいる、まだ自分たちの製品を提供できていない「無消費者」といわれる顧客のことも考える必要がある。そのために、グローバル市場を主戦場と捉え、そこにいる多様な顧客との接点を構築し、その顧客接点を起点にビジネスモデルを変革することが重要となり、それこそが第1章で紹介した【変革ポイント1：「フロントエンドイノベーション」】である。（フロントエンドとは、製造業の業務で言うところの営業や、販売した製品納入、納入した後のサービスなどの業務の部分であり、つまりは顧客との接点（コミュニケーション）部分を言う）。

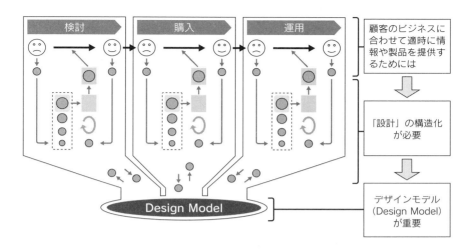

図2-10　顧客のビジネスに合わせて最適なタイミングで
設計情報を流す手法

　ものづくり企業としてのフロントエンドを変えることは、自社から顧客、また顧客から自社への「設計情報の流れ」を変えることである。顧客と自社間でやりとりされる「設計情報」の質や量を大きく変えることができれば、顧客と一体になって自社提供価値の変化速度も加速できる。これが、Accelerator（アクセラレータ）である。
　例えば、いくら製品の設計内容を改良したとしても、その情報がいろいろな組織や人を経ていく過程でロスし、顧客に届かなければ、顧客から見たら変化していないのも同然である。これはグローバル市場に広くいる顧客、今はまだ自社の製品を購入していない顧客を含めると、どれだけ多くのコミュニケーションロスが起こっているか想像に難くない。
　このコミュニケーションロスを最小化するためには、社内で創造された「設計情報」が迅速に顧客に届くように、つまりフロントエンドに届ける仕掛けが必要となる。フロントの顧客との接点を中心に、企業内部の付加価値創造プロセスの流れを組み立てることが重要になる。その付加価値創造プロセスの流れの根本である「設計情報」、ならびに「設計プロセス」の構造化が重要と考え、特に、構造化を実現するための「デザインモデル（Design Model）」の構造化が顧客起点の改革のAccelerator（アクセラレータ）になると我々は考えている（図2-10）。

第3節

ものづくりモデル変革＝
Disruptionを実行するための方法

第1項 ものづくりモデル変革＝Disruption実践の全体像

　ここからは、我々が実践している「ものづくりモデルの変革＝Disruption」の方法を紹介する。今までに紹介してきた「経営理論」、そして「ものづくりモデル変革のフレームワーク "3A"」で述べてきたパラダイムシフトを実現するために、現時点では大きく4つの実践ステップを用意している（図2-11）。

　1つめは、我々の方法論の中でもコアな部分である "デザインモデル（Design Model）の構築"、そしてその際のキーとなる "設計モジュール化" によるアセット、アーキテクチャのパラダイムシフトの実現である。これにより主力事業に対して、有形資産偏重から無形資産重視に視点を変えることや、製品アーキテクチャをすり合わせ設計から脱却すべく製品最適から、ビジネス環境の変化に合わせて常に変化し、進化できるモジュールに変えることができる。

　2つめは、デザインモデルの先にある "コンフィギュレータ構築" による、アクセラレータのパラダイムシフトの実現。これにより、主力事業に対して、いわゆるプロダクトアウト型と言われる企業起点の改革から、マーケットインもしくはユーザーインと言われる顧客起点の改革へ変えることが可能となる。

　3つめは、"組織・人財改革" による、アーキテクチャのパラダイムシフトの実現。これにより、主力事業で実施してきた改革を全社レベルの改革へ昇華し、製品ビジネス最適組織から動的なモジュール型組織に変えることができる。

　4つめは、"事業構想・アーキテクチャ分析" による、アクセラレータのパラダイムシフトの実現である。これにより、全社レベルの改革をさらにエコシステムの改革へ昇華し、プロダクトアウト型発想からコア技術を活用したイノベーション型発想に変えることが可能となる。

　今回は、この4つの手法に着目して後述していくこととする。

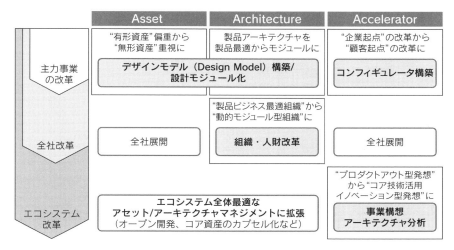

図2-11　ものづくりモデル変革＝Disruption実践の全体像

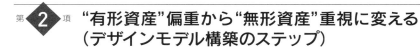

　ステップに行く前に、まず、"デザインモデル（Design Model）の構築"、そしてその際のキーとなる"設計モジュール化"に関して、位置づけを明確にしておく。

　我々が考えるデザインモデルとは、グローバル企業グループ全体の「知識、ノウハウ（暗黙知）、能力」をマネジメントするインフラとしての「グローバル技術基盤」のコア部分のことと捉えている。経営資源であるヒト、モノ、カネ、情報のうち、4つめの「情報」は目に見えない「無形資産」であってわかりづらい。さらに、「知識」はその「情報」の中でも特に組織として管理しにくいものである。その人が持つ「ノウハウ（暗黙知）」や「能力」は「無形資産」であり、それを把握し、組織的に管理できている製造業は非常に少ないと感じている。しかし、この「知識、ノウハウ、能力」という「無形資産」の経営管理の巧拙が企業間の競争優位に大きな差をつけると考えている。

　「知識、ノウハウ、能力」という「無形資産」を使って「設計情報」をどのように作るかを把握するためには、「現実世界」の業務プロセスの分析、そこにある情報を可視化するだけでは見えてこない。なぜならば、人が頭の中でしている「思考世界」の設計プロセスにこそ重要な情報があるからである。

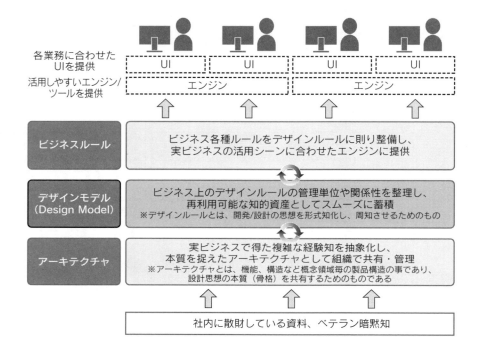

図2-12　グローバル技術基盤のコアとなるデザインモデル（Design Model）

　したがって、ものづくりにおける付加価値創造プロセスである「設計」という行為、ならびにそこで使われる「知識、ノウハウ、能力」という貴重な資産を把握し、最大限活用するためには、「現実世界」の企業活動である業務プロセスレベルの可視化分析に加え、「思考世界」という次元での設計プロセスを可視化、構造化し、次の企業活動に再利用できるように体系化する必要がある。すなわち、この階層的な構造を持つ「知識」の構造に合わせて設計プロセスをモデリングすることが、このAssetにおける変革を実現するためのキーとなる。まさに、この知識の構造化により獲得したモデルのことを、我々は「デザインモデル（Design Model）」と呼んでいる（図2-12）。

　次に、我々が考える設計モジュール化を説明する。一般的にモジュール化を考える際には、設計視点、製造視点、調達視点など、どのような視点を中心に「モジュール化」をするかが重要である。そしてそれは「モジュール化」の目的により使い分ける必要がある。「レイヤー戦略／マージナル戦略」で必要な

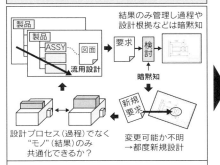
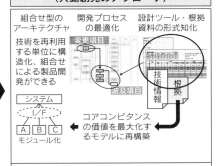

図2-13　共動創発のモジュール化手法特徴

「モジュール化」は、グローバル市場での売上向上が目的であり、顧客が求める価値の変化、つまり一般的に言われる「モノ」から「コト」の変化に対応できるかが重要となる。

　我々が考える「設計のモジュール化」では、よくある「モノ」の構造などを切り口に構造化するモジュール化の手法ではなく、価値創造プロセスである「設計プロセス」を切り口とした「モジュール化」のための製品モデルの可視化分析、構造化が重要と考えている。そのために、前述した設計プロセス上の「知識、ノウハウ、能力」をモデリングする「デザインモデル（Design Model）」を活用した製品モデルの構造化をする点が、我々の「モジュール化」の特徴である（図2-13）。

　記述したデザインモデルとモジュール化の位置づけを踏まえ、現在の我々の手法ができていることを前提に、ここからステップの説明に移る。

デザインモデル（Design Model）を構築する　～ステップ全体像

　デザインモデルのキーである「知識、ノウハウ、能力」といった、通常可視

化されていないものを分析することから、まずイメージとして全体を捉えてからそれを分析していき、分析後にそれをいかに管理するかというようなポイントでステップが構成されている。

それぞれのステップのポイントは、ステップごとに記載することとし、ここでは全体の流れとその際のポイントを記載する。

まず、ステップ自体は大きく4つに分けている（図2-14）。
① アーキテクチャ調査
② デザインモデル　可視化・構造化
③ ビジネスルールデータ体系化
④ デザインモデルをコントロールする情報管理基盤の構築

最初の、①アーキテクチャ調査では、デザインモデルの対象とする全体の体系を整理する。実施においては対象を絞ることが多いが、その後製品展開をしていくことが基本となるため、最初のこのステップはなるべく対象となる製品

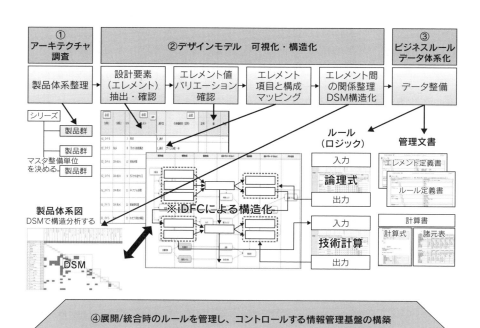

図2-14　デザインモデル構築ステップ全体像

全体の製品体系を整理することがポイントとなる。できれば、その際に製品のパターン、ここでは製品自体の特性もだが、設計プロセスに着目する。そのプロセスが同じようなパターンかどうか、例えば特注・個別受注を基本としている製品か、標準品を基本としている製品か、またはベテラン設計者に依存した製品かどうかなどを見極める。そのような設計技術以外のあらゆる検討要素も踏まえて、製品体系の整理を行う。

次に、②デザインモデル可視化・構造化では、設計要素（エレメント）の関係性を分析する。その流れは、設計プロセスで登場するエレメントを抽出してもらい、その実際に取る値などを整理し、エレメント項目の分類や構成検討を行い、DSM（Design Structure Matrix）などを活用してエレメント間の関係性を整理する。ここでは、エレメントをやみくもに挙げるのではなく、1つひとつの技術要素を解くように挙げる。そして、特に可視化・構造化の目的に照らし、重要なプロセスは有識者の知識を結集することが重要となる。

次に、③ビジネスルールデータ体系化では、前のステップで見えてきた関係性や構造を、科学的に体系化する。その際のポイントとしては、関係性を○×のような関係ではなく、論理式や技術計算を用いた方法で明確にする。その内容を、定義書や計算書という形式で形式知化することが重要なポイントとなる。

最後に、④デザインモデルをコントロールする情報管理基盤の構築では、上記で体系化したデザインモデルを次の製品開発や他の製品、プラットフォーム検討のような統合をする場合など、あらゆるビジネスシーンで再利用できるようにエレメントレベルのルールを管理し、コントロールする基盤を構築することがポイントとなる。既存のPLMやBOMといった基盤がある場合には、それを最大限活用した方がよいが、思ったような再利用ができない場合には、別途そのための仕組みを構築することを薦めている。

それでは、それぞれのステップとポイントを見ていく。

デザインモデルの全体を考える　～①アーキテクチャ調査

アーキテクチャ調査（アウトライン調査とも呼ぶ）ではプロジェクトの基本情報、業務概要、組織概要、製品概要、ビジネスの概況などを調査する。

基本情報では、プロジェクトの狙いや目的、実施時期、組織や規程などを確認する。業務概要では、新規開発・派生開発・要素開発・設計変更などの開発設計に関する概要以外に、メカ・エレキ・ソフトウェアなどの開発の概要フ

ロー、業務プロセスで活用するPLM、BOM、CAD、CAEなどのITツール、業務プロセスで活用している、開発計画書・開発仕様書・審査資料などの文書やデータの確認を行う。ここでおおよその、その企業のデザインモデル上の概要をつかむことができる。

組織概要では、開発や製造の主な組織や人数を確認することで、規模感のほか他社と比較して開発や製造に関わる人の割合がどの程度かを把握する。

製品概要では、各製品の体系を顧客視点・開発設計視点・製造視点・保守視点などの各方面から確認し、その体系に基づき、製品の構成がどのようなモジュールで構成されているかを確認する。このあたりで、モジュール化の活用度合いや、組織としての意識レベルの把握ができる。

最後に、ビジネスの概況として、いわゆる3C（市場、顧客、競合）の状況や、各製品に関係する法規制や各国の規格、関連する業界団体などの外部環境のようなものを確認することで、ビジネスとしてのグローバルにおける位置づけや方向性を把握できる。

このあたりの内容を把握せずに、いきなり設計要素の分析に入っても目的を失うことがよくあるため、必ず把握し、また適宜状況が変わることに関しても共有しつつ、最大限デザインモデルの効果を引き出すことに注力をしている。

このように、製品だけでなく、あらゆる視点でデザインモデルを検討していくことが非常に重要なポイントとなる。

デザインモデルを解く　～②デザインモデル可視化・構造化

デザインモデルの可視化・構造化では、設計プロセスに着目しながら、いろいろな角度からプロセスを分析し、それぞれの関係性・影響範囲をチェックし、最適なモジュールの括りを設定する。

様々な角度からのプロセス分析では、我々の可視化・構造化ツールのコアでもあるiDFC（intelligence Design Flow Chart）を主に活用して分析を行う（図2-15）。iDFCは、従来のExcelベースの手順可視化に比べ、視覚的に捉えやすく抜けや漏れもわかりやすく可視化が進む。また、作成したフローをExcelベースのタスクエレメントシートと連携することができるため、詳細の分析が行え、最適化された手順を再度フローに落とし込むことも可能なツールである。iDFCを通常の設計業務や設計にまつわる管理業務などで活用するこ

第 2 章 ものづくりモデル変革手法

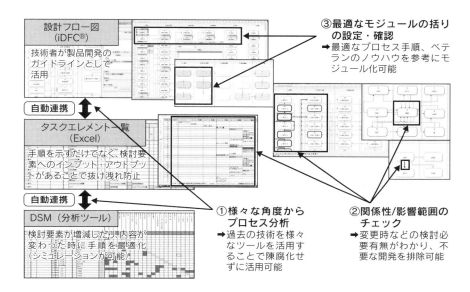

図2-15　デザインモデルの可視化・構造化手法

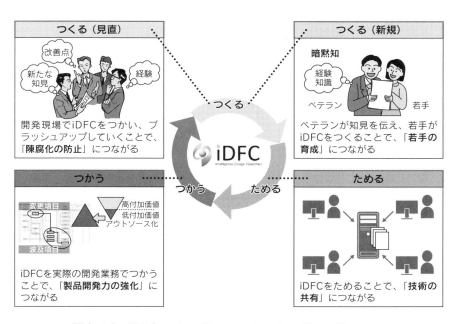

図2-16　iDFC — intelligence Design Flow Chart —

63

とにより、陳腐化の防止、技術の共有、若手の育成、製品開発力の強化につなげることができる（図2-16）。

　このプロセス分析の活動を通じて、実際の設計スキルのレベルや人財構成なども把握することができ、今後の実施施策に変更を与えることも多い。

　次に、関係性・影響範囲のチェックでは、iDFCの機能やタスクエレメント一覧を派生させたexcelの拡張機能を通じて影響範囲を見ることが多い。ここでは影響の範囲を段階的に見せることで、プロセス分析した内容が正しいかどうかの確認にも活用できる。また、主には設計変更の際に、変更したい検討要素（エレメント）を中心に影響範囲を見ることで、どこまで影響が派生しているのか、そもそも、そのエレメント変更の妥当性確認にも有効である。今までは、まずは変更を実施してみて、設計者が実際に設計して徐々にわかってきていた内容を、なるべく早めに把握することが可能となり、不要な開発をなくすことが可能となる。

　ここで、実際のサンプルでこのあたりの方法を具体的に紹介しておく。例としてモーターの選定手順を用いて説明をする（図2-17）。

　まずは、モーター選定の手順を確認する。その上で、各プロセスの概要を確認し、その手順ごとに必要な検討要素（エレメント）や計算ロジックなどを確認し、それをiDFCやタスクエレメント一覧、および計算書などを活用して可視化していく（図2-18）。

　その後、最適なモジュールの括りを設定する作業では、上記までに抽出整理したエレメントを、いくつかの視点でDSMなどを活用してプロセス上の手戻りなどの観点からエレメントの括りを最適化する。重要なポイントは、まずエレメントを3つに分類する。顧客からの要求からくるエレメント（我々はこれを仕様と呼ぶ）、それを受けて設計・製造をするエレメント（我々はこれを製品構成、もしくは単純に構成と呼ぶ）、さらに製品を製造する工程制約などの観点からくるエレメント（我々はこれを工程と呼ぶ）といったプロセスの発生起因に応じた要素分類をした上で、DSMで分析をしている（図2-19）。

　それぞれのDSMの特徴ごとに、最適化する視点が異なるため、このような分類を重視している。これを単純にDSMで分析してしまうと、複雑すぎるエ

第2章 ものづくりモデル変革手法

手順	駆動機構の決定	モーターの要求（スペック）確認	負荷計算	モーター機種の選択	選定計算
概要	・機器全体の構想や要求から、モーターの用途を決定 ・駆動機構を決定 ・用途から、負荷計算に必要な事項を決定	・機器全体の構想や要求から、モーターの要求仕様を決定	・要求仕様から必要トルク、慣性モーメントなどを計算	・要求仕様及びモーターの特性からモーターの種類を選択 ・カタログから、モーターを選択	・選定したモーターで要求仕様をすべて満たすか計算し、確認
エレメント例	・製品を運ぶためのベルトコンベヤ、高精度な運搬機、自走用のロボットなど ・プーリ機構の駆動部、ボールねじ機構の駆動部、駆動輪など ・ベルトコンベヤの全長、運搬物の質量、プーリの摩擦係数など	・運転（回転）速度 ・運転（動作）時間 ・位置決め距離、時間 ・精度 ・分解能 ・位置の保持 ・電源の仕様（直流、交流、電圧、周波数） ・使用環境	・ギヤ比 ・必要トルク ・慣性モーメント	・ACモーター ・DCモーター ・ステッピングモーター ・サーボモーター ・ブラシレスモーター	・強度 ・加速時間 ・モーター、ギヤヘッドの組合せなど

図2-17　モーターの選定手順を例とした可視化

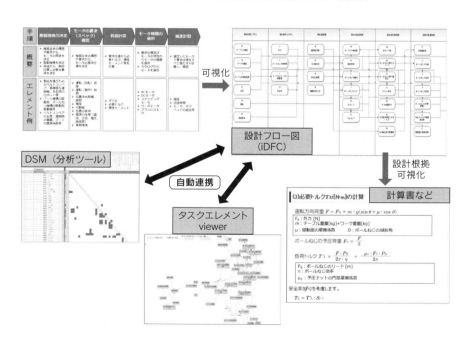

図2-18　モーターの選定手順の可視化

65

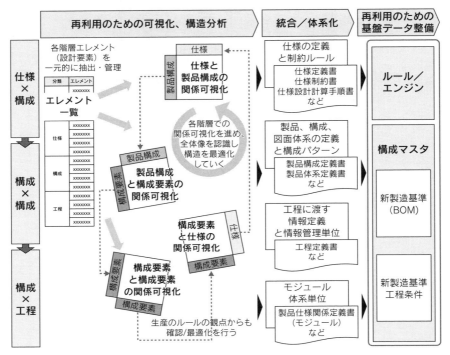

図2-19 エレメントの括り検討時の視点

レメントを解くことができないからである。また、それぞれの関係ごとに分析の視点が異なるため、その際の例を示しておく。このような分析手法のノウハウがあることで、初めて最適化が可能となる（図2-20）。

デザインモデルを次世代に残す　～③ビジネスルールデータ体系化

　ビジネスルールデータ体系化では、次世代に資産を残すべく様々な文書を活用することにしている。通常の企業では、1つひとつの設計を実施した結果としてのドキュメントとして、計算書や設計検討結果シートなどを残していることが多い。ただ、それらはいずれもあくまでも検討した結果であって、上記の設計プロセスの過程や最適化されるに至った経緯などは全くわからないことが多い。そうすると、次の設計に再利用しようとしたときには、全く使い物にならない文書ということが多い。

対象	分類	DSM分析視点
製品構成・構成	要求視点	要求に影響を与える製品構造の構成要素
		要求から影響を直接受ける、製品構造の構成要素への制約
	製品構造の最適化視点	要求、キーとなる製品仕様を受けた、製品構造のかたまり単位、切り分け見直し
		製品構造間のかたまり単位見直しと、インターフェース設計見直し
		製品構造かたまり（モジュール）の組合せ対応を踏まえた、要求対応範囲、製品仕様の見直し
		工程かたまりを超えた、製品構造の構成要素間の相互依存関係見直し
	設計プロセス視点	対角線を中心とした、ポイント距離を近くする（構成要素のすり合わせ設計を近づける）
		相互依存関係の大きなループの最適化
		多くの仕様に影響を受ける構成要素の見直し
		多くの仕様に影響を与える構成要素の見直し
		最後にすり合わせる構成要素品質見直し（フロントローディングや、組合わせ性、ロバスト性の向上）

対象	分類	DSM分析視点
工程	要求視点	要求、製品仕様、製品構成に影響を与える工程の構成要素
		要求、製品仕様から影響を直接受ける、工程造の構成要素への制約
	工程単位の最適化	要求、キーとなる製品仕様、構成要素を受けた、工程のかたまり単位、切り分け見直し
		工程間のかたまり単位見直しと、工程間インターフェース見直し
		工程組み換え性を踏まえた、製品構造、製品仕様、要求対応範囲の見直し
		工程間を超えた依存関係、評価ポイントの見直し（特に、内外製切り分け・拠点間の役割範囲）
	工程プロセス視点	対角線を中心とした、ポイント距離を近くする（構成要素のすり合わせ設計を近づける）
		相互依存関係の大きなループの最適化
		多くの仕様に影響を受ける構成要素の見直し
		多くの仕様に影響を与える構成要素の見直し
		最後にすり合わせる工程品質の見直し（段階的な評価、フロントローディングや、組合わせ性、ロバスト性の向上）

図2-20　DSMの分析視点の例

　そこで、我々は、デザインモデルの可視化・構造化の作業と並行して、ビジネスルールデータを体系化し、再利用できる形式で残すようにしている。これは、それほど難しいことではなく、計算書などであれば、その入力エレメント、出力エレメントを明確にしておいて、計算書の最初のシートに記載しておき、そこのエレメントの値を入れると計算書結果が取得できるような方法に多少変更する程度のことである。また、その計算などの手順を手順書や計算書といった読み物で残してもらうことにより、どうしてそのような計算を活用するに至ったかの経緯もわかるようにしてもらっている。また、エレキやソフトウェアの領域では、エレメントの関係をすでに可視化している場合がある。例えば、要求遷移図や機能相関図といった成果物を作成されていることが多い。その場合には、そこにあるエレメントとiDFCにあるエレメントの関係を明確にしておく。場合によっては、既存の文書からエレメントを抽出するようなツールを提供する場合もある。

　このように、なるべく既存資産を活用しながら、実際に最適化されたプロセスをデータとして体系化することがこのステップのポイントとなる。

　ここでは、計算書やフロー図のような既存資産を活かすことを紹介したが、CADやITツールなどを活用している企業もあり、その企業の状況に応じて体系化のアイデアを提供している。

デザインモデルを再利用する　～④コントロールする情報管理基盤の構築

　デザインモデルの最後のステップ、コントロールする情報管理基盤の構築では、再利用に重点を置くことがポイントとなる。現在の製造業の設計開発が、複雑になってきていることは前述した。その中で、このようなデザインモデルを構築していくと、対象が少ないうちは簡易なツールで問題ないが、対象が増えるとデザインモデル全体をコントロールできる仕組みが必要となる。

　一般的にはPLMやBOMのツールでよいが、管理する単位がエレメントなど動的な単位であるため、通常のPLMやBOMでは管理しにくいことが多い。最初のアーキテクチャ調査の際に検討した対象範囲に立ち戻り、目的達成のためにどこまで展開をするかに応じて仕組み構築のレベルも異なってくる。

　例えば、エレメントが上位階層・下位階層の両方の階層から呼ばれたり、複数の商品から呼ばれたり、世代間や機種間で呼ばれたりと、開発自体が複雑になる。各モジュールの関係性を、エレメント（仕様）レベルで動的に管理する必要がある。この複雑系の管理を人間系で実施するのには限界があり、この複雑系の中で関係性の可視化を支援する仕組みを確立する必要がある（図2-21）。

　当然、iDFCやタスクエレメント一覧などでも、ある程度の範囲であれば支

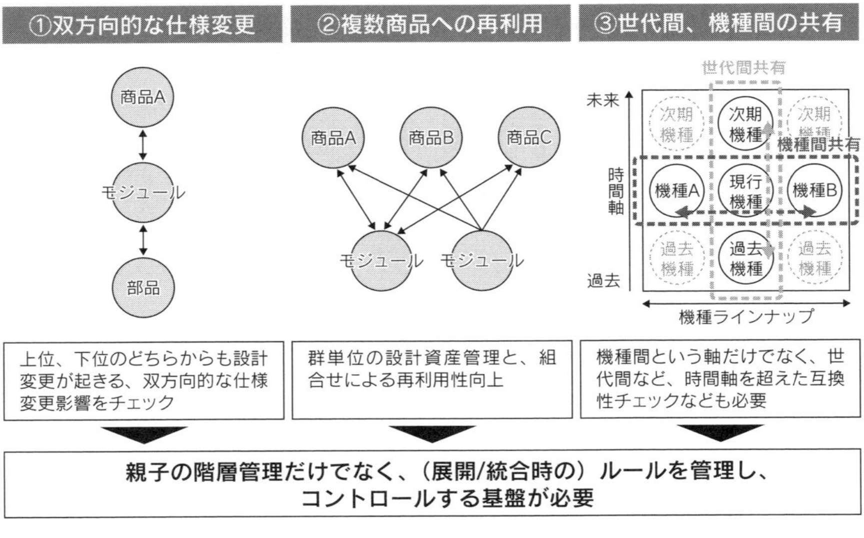

図2-21　デザインモデルを再利用するための基盤の必要性

援をする機能は備えている。ただし、対象が広がる場合には、その範囲に応じて管理する簡易ツールを提供したり、既存のツールがある場合には、そこにどのように実装するとよいかなどのアドバイスを実施したりしている。

　以上、4つのステップでデザインモデル構築する手法を紹介してきたが、次項以降のステップを実施する際の前提として、このデザインモデルを構築することは必須と考えている。実施方法やレベルは様々でも、このデザインモデル構築と必ずセットで実施していただくことで、実施の変革を体感してもらうことは重要なポイントである（図2-22）。

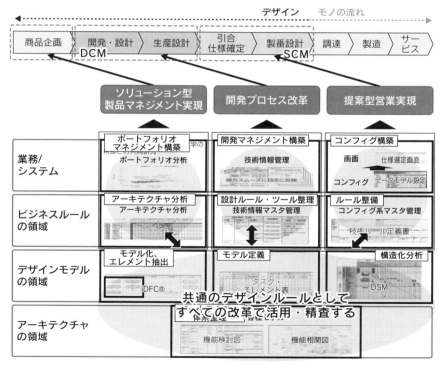

図2-22　デザインモデルを活用した改革展開

第3項 "製品起点"の改革から"顧客起点"の改革に変える（コンフィギュレータ構築のステップ）

　こちらもステップに行く前に、我々の考えるコンフィギュレータの位置づけを明確にしておく。

　顧客起点の改革とするために重要なことは、顧客のビジネスプロセスの中で、顧客がどのような課題を持ち、その課題に対して自社がどのような価値を提供できるかを理解することが重要である。しかし、自社のビジネスプロセスの課題を分析するよりも、顧客のビジネスプロセスを分析することは難しい。ここを把握しないまま（しようとしないまま）、マーケティングの仕組みや、プロモーションに多くの投資をしている企業も多い。

　そうした課題やプロセスをどのように把握するかがキーとなる。まさか、「顧客自体にどのような課題がありますか？」、「どのようなビジネスプロセスで業務をやられていますか？」などと聞きに行けるわけがない。では、その中でどのように顧客が求めているものを把握するのか？　我々は、それを顧客が求めている仕様（要求仕様と呼ぶ）を把握することと考えている。

　一般的にはスペックマネジメントやスペックコントロールなどと言われていることだが、顧客は製品を買っているのではなく、製品にある要求仕様を買っていることに着目し、その要求仕様をいかに効率良く把握するかが重要と考えている。しかし、この要求仕様が重要であり、それを把握し管理する必要があると書かれている書籍は多いが、それを実際にどのように行うか記載された書籍は少ないと感じている。

　我々は、その要求仕様の把握やコントロールのきっかけとなる手法として、このコンフィギュレータ構築を位置づけている。顧客との接点で一番重要な、引き合いから受注まで（場合によっては、引き合いより前の課題解決のために何かを探しているときまでさかのぼる）のフェーズでいかに要求仕様を把握し、管理するかに重点を置き、コンフィギュレータ構築の手法を考えている。

　一般的にはセールスコンフィギュレータと呼ばれるかもしれないが、我々は特にセールスコンフィギュレータだけに重点を置いてないことにも触れたい。なお、本書の用語の話で恐縮だが、コンフィギュレータ、コンフィグ、コンフィグレータなど表記が異なるかもしれないが、それらはすべて同じ意味として捉えていただきたい。それでは、ここからステップの説明に移る。

コンフィギュレータを構築する　〜ステップ全体像

コンフィギュレータのキーである要求仕様のコントロールのために、まずは自社製品のどのような点が評価されて買われているか、そして、どんな社内プロセスを通じて顧客と接点があるかを整理した上で、顧客の要求仕様を把握することを仕組みとして構築するというポイントでステップが構成されている。

それぞれのステップのポイントはステップごとに記載することとし、ここでは全体の流れとその際のポイントを記載しておく。

まず、ステップ自体は、大きく3つに分けている（図2-23）。

① コンフィグルールデザイン
② コンフィグプロセスデザイン
③ コンフィグデータデザイン

最初の①コンフィグルールデザインでは、現在の開発・設計のルールをそのままデザインするのではなく、モジュール化・標準化など構造化を実施してからデザインすることが重要となる。これにより、デザインしたルールを一過性

図2-23　コンフィギュレータ構築ステップ全体像

のものでなく継続的に運用できるルールへと昇華することができる。また、この際に技術のルール文書を作成するのだが、この文書自体を他人が見てわかるように記述することが重要である。

コンフィギュレーションは、一般的に市販パッケージのエンジンを適用することが多い。エンジンにより様々な特性があるが、エンジン依存のルール記載方法では、人によっては非常にわかりにくいことが多い。どのエンジンを採用したとしても、そのエンジンに左右されずに、技術文書をそれ自体で技術伝承ができるレベルにすることが重要である。

次の②コンフィグプロセスデザインでは、現状の業務・システムが重要となる。通常基幹系のシステムにより、見積・受注・生産などの業務はすでに実施されていることが多い。現状の業務自体はそのまま継続実行できる必要がある。業務実行のためのコード体系、属性情報などすべての情報を把握し、その業務・システムにコンフィグを導入することで問題が発生しないかを確認し、課題があればその対応方法を検討する。最初にトライアルする製品のみでなく、今後展開されるすべての製品に問題がないか確認することも重要となる。

最後に③コンフィグデータデザインでは、コンフィギュレータのキーとなる顧客の仕様情報を収集・活用し、全体としてコントロールができるような情報基盤となっているかの確認がポイントである。これらのステップ全体を通じて、顧客起点の製品開発などが継続的に実現できることが重要となる。

それでは、それぞれのステップとポイントを見ていく。

なぜ売れているかを考える　～①コンフィグルールデザイン

コンフィグルールデザインでは、製品モデル要件と業務要件がインプットとなる。製品モデル要件は、対象となる製品のラインナップを中心に製品技術の構成要素を確認する。その際には、デザインモデルで記載した仕様の関係を整理することを前提としている。特に、コンフィグのキーとなる要求仕様が、どの程度明確になっているかが重要となる。

業務要件に関しては、特に製品開発に関するプロセス（開発（運用）シナリオと呼ぶ）に着目する必要がある。製品開発のプロセスの中で、継続的にコンフィグルールが抽出される必要がある。現状の製品ラインアップとその仕様、開発（運用）シナリオから、仕様確定プロセスを構造化し、仕様／ルールを管

理する単位を決定する。この単位を製品群全体の中でどのように定義するか、そしてルールの中身をどの程度構造化したモジュール群として定義するかを決定し、ルールを記載する技術文書フォーマットを決定する。

この技術文書には、仕様から製品を定義する情報や、製品の構造であるモジュール間の関係といった、制約ルールなどが記載されるのが通常である。また、仕様やモジュールの関係性を記述する際には、前項の③ビジネスルールデータ体系化の中でも記載したが、○×のような方法でルールを記載するのではなく、技術計算を活用したルール可視化をする必要がある。なぜなら、特にコンフィグルールに関するものは、○×といった表現では表しにくいものが多く、△のような表現が必要になってしまい、人が見るにはそれでも十分かもしれないが、コンフィグエンジンを構築する場合にはシステム的に判断が不能となる。そのため、必ず技術計算を含むルール形式で記載する必要がある。

このように構造化されたコンフィグルールを活用したシステム構築をする場合、市販パッケージのエンジンを活用するときは、パッケージに依存する部分とそうでない部分を明確に区分することが重要となる。コンフィグパッケージに依存する部分を区分しておかないと、仕様を定義する文書自体がパッケージに依存した記載内容となり、専門の技術者を配置しないと運用がしにくい文書となるためである。したがって、我々はパッケージに依存しない汎用的なモデルを構築するようにしている。これを共通モデルと呼んでいる。

このように、コンフィグルールに関する要件をインプットに、定義文書と実際のコンフィグルールをアウトプットしていく作業をコンフィグルールデザインと呼んでいる（図2-24）。

どうやって売れているかを考える　～②コンフィグプロセスデザイン

コンフィグプロセスデザインでは、コンフィグルールデザインで定義したルールを、いかに活用するかを中心に検討する。ここでのインプットは業務要件とシステム制約である。

まず業務要件は、ここではコンフィグルールを活用するシーンである、見積・受注～生産、場合によっては保守まで含めた顧客との接点となるプロセスをインプットとしている。それぞれ活用するシーンごとに、どのような手法で活用するかを定義していく必要がある。顧客から必要な情報や要求仕様が抽出

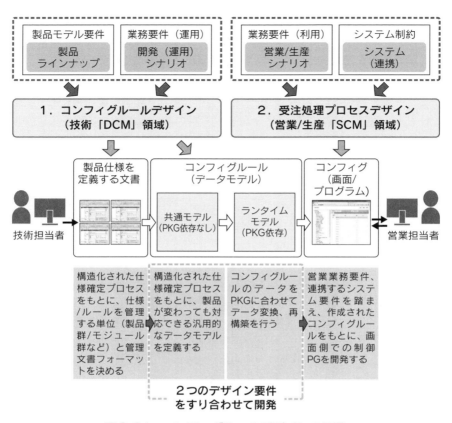

図2-24 コンフィグルールデザインの要件

できるようになっているか、営業や生産、保守部門の人に対しては新たな業務負荷が発生していないか、などプロセスごとの帳票（見積書、受注仕様書、納品書、請求書、保守履歴などなど）を中心に見ていくことが有効であることが多い。そこには顧客とやりとりしている情報が記載されており、今までの帳票に記載されている情報から本当に顧客が買ってくれている内容が書かれているか、またその顧客が必要とする情報がきちんと生産や保守まで（場合によっては営業ですら）伝わる仕組みになっているかを確認する必要がある。そこが不十分な場合には、必ず仕組みとしての補強が必要となってくる。

　また、業務要件と同時に重要なポイントとして、システム制約がある。通常、コンフィグを導入する企業には、すでに見積・受注システムやSFA（Sales Force Automation）ツールが導入されていることが多い。その中で、我々が

定義しているコンフィグ機能に該当する仕組みがすでに導入されていればよい
が、通常は何かが不足していることが多い。その多くが顧客の欲しい情報、要
求仕様情報が明確になっておらず、実際の次の製品開発に役立てるような仕組
みになっていないことが多いためである。それを既存の仕組みを制約として、
どのように実装するかは、各社各様で非常に難しい論点となる。

　新しい機能として追加するのが最も良いが、既存の仕組みに載せる場合に
は、検討している構造体などが異なると既存の枠組みにとらわれ、実施したい
ことができなくなることが多い。ただ、いくら投資できるかはその企業の状況
によっても異なるため、このあたりは大胆かつ繊細に定義をする必要がある。
我々が薦めている案は、既存システムを活用できるのであれば、コンフィグエ
ンジンをAPI（Application Programming Interface）として裏のエンジンと
して活用する方法、既存システムが特にない場合には新規に画面開発をする方
法の2案をベースに検討している。このように選択された方法を踏まえて、コ
ンフィグプロセスデザインのアウトプットを構築していく。

顧客の課題を継続的に解決する　〜③コンフィグデータデザイン

　コンフィグデータデザインでは、前節までのコンフィグルールデザインとコ
ンフィグプロセスデザインをインプットに、継続的に要求仕様をコントロール
する情報管理基盤をアウトプットにしている。

　ここでのポイントは、ビジネスを実施する上で変化する製品モデル要件や業
務要件に柔軟に対応しつつ、顧客起点で考えることを常に意識し続けられる基
盤構築である（図2-25）。

　前述の図2-21にも記載したが、技術が複雑化していくと製品や製品群の間
としての履歴管理も重要となるが、それをさらに超えた製品や機種間、また世
代間の共有が重要となる。そういったあらゆる単位の変動に対しても、変わら
ず顧客からの仕様を起点とした、情報のつながりが明確にわかる仕組みを構築
する必要がある。そのことで人財の世代を超えて、顧客起点で物事を考え、顧
客の課題を解決することが継続できるのである。

　そのような基盤構築は、モジュール群と製品群、コンフィグエンジンを明確
に分けて管理することが重要である。すべてを同じ枠組みで管理しようとする
と、それぞれの変化の要件を吸収できなくなる。あくまでも、それぞれのリビ

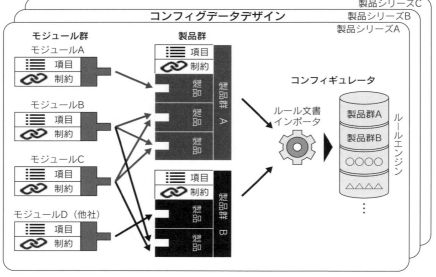

図2-25　コンフィグデータデザインのポイント

ジョン管理などをした上で、各モジュール群、製品群、コンフィギュレータの関係性を別途定義するようなイメージで仕組みを構築する。一般的なPLMであれば、設定によりある程度はこのような基盤構築が実現できると考えているが、設定の方法を間違えると管理体系がおかしくなり、当初の目的である顧客視点のポイントを外すことがあるため、注意してほしい。

　また、他社のモジュールが採用できるかどうかもポイントとなる。オープンイノベーションを実施すると、今までの自社で考えていた仕組みでは不足することがある。最初からすべてを考えた仕組みなどは構築できないが、早めの段階から他社のモジュールや製品を組み込める余地を検討しておきたい。そして、後から要件が変わることを前提に、追加・修正がしやすい仕組みを選択する必要がある。

　一度、設定をした後に、他社モジュールを組み込みたいことが明確になった

場合にも、別途再構築が必要となることがないような柔軟性を持たせておくことも重要な要素となる。コンフィグエンジンとしての共通部分と、個別部分を分けてシステム化するような検討を初めからしておくことで、この問題はクリアされることが多い。ぜひ、参考にしていただきたい。

以上、3つのステップでコンフィギュレータ構築による顧客起点の改革実現の手法を紹介してきた。コンフィギュレータは、各社受注システムの中で苦労して実現されている企業も多く見受けられるが、どこもマスタ管理者依存になっている傾向が強いと感じている。今回取り上げたような、次世代に技術伝承が可能となり、かつ顧客起点でものづくりをする考え方が次世代に残せるような仕組みづくりが必須と考えている。

"製品ビジネス最適組織"から"動的モジュール型組織"に変える（組織・人財改革の構築ステップ）

こちらもステップに行く前に、我々の考える組織・人財改革の位置づけを明確にしておく。

前節で触れた顧客起点の改革をより確実に実行するのと同時に、さらに世の中で言われているオープンイノベーションのような他社技術とのコラボレーションを実施するためにも、組織や人財を意図的に創る必要がある。我々はこれを動的なモジュール型組織と呼んでいる。ビジネスのスタイル／状況に合わせてアサインを柔軟に変更可能な組織というと、わかりやすいかもしれない。

通常、組織は製品別、機能別など組織の特性を明確にしてビジネスに取り組んでいることが多い。人財を育成するという意味でもそういった枠組みがないと、人財が育っていかないことがある。しかし、この動的モジュール型組織では、いわゆるOJTに重点を置いてグローバル／イノベーティブ人財を育成していく。それには、感度の高いセンサーを身に着ける必要があり、それは現場体験とチャレンジ精神しかないと考えているからである。

意図的にそのようなアサインが実行できる組織であれば、人財も意図的に育成できると考えている。一般的にはコンサルティング業などの世界では、このような形式で人財育成がなされていることが多い。ある一定の特性は持たせるものの、アサイン自体は、1つのプール制のような形式で各組織属性の中で人を抱えることができないような仕組みを構築している。これにより、直属の上

司の思いなど旧態依然のヒエラルキーの中で育てていく（と言いながら、言うことを聞かせている）阻害要因を取り払うことがポイントである。

　また、一方でこのような柔軟な組織を構築すると、ガバナンスが利かなくなったり、リスクマネジメントが重要となったり、コンプライアンス上の問題が起きたりすることがある。このようなリスクに対しても、あらかじめ準備しておく必要がある。このように、攻めの組織・人財と守りの組織・人財の両方の側面を動的モジュール型で実現することが、この節のポイントである。

　それでは、ここからステップの説明に移る。

人財育成の組織を創る　～ステップ全体像

　動的モジュール型組織を創るためのキーとなる、アサインや人財育成を実現するために、まずは企業の戦略・方向性（どうしたいか？）を確認した上で、その意図に合わせて組織改革と人財育成を同時に進める。その結果に応じて、継続的な仕組みとして維持していくために必要な情報管理基盤を構築するといった内容で構成されている。

　まず、ステップ自体は、大きく3つに分けている（図2-26）。
　①企業戦略・ビジネス戦略の整理
　②動的モジュール型組織デザイン
　③グローバル / イノベーティブ人財育成
　④継続的組織・人財コントロール基盤構築

　最初の①企業戦略・ビジネス戦略の整理では、特に経営層の意思を確認する。イノベーションを起こすポイントをあらゆる面（戦略、技術、人財、組織など）から整理することで、経営層が考えていることのポイントをわかりやすい言葉に置き換える。この作業が常によりどころとなることも多いので、それほど時間はかけないが、最新の注意を払うことが重要となる。また、並行して自社が置かれている外部環境や内部環境も確認をすることが重要である。

　次の②動的モジュール型組織デザインでは、組織の成熟度モデルなども活用し、どのような組織変更の経緯をたどり、どのような変化を与えることが有効かを考える。イノベーションを継続的に起こすためには、常にチャレンジをすることが評価されるような組織風土も含めた環境づくりがポイントとなる。

　次の③グローバル / イノベーティブ人財育成では、社内の人財をどのような

第2章　ものづくりモデル変革手法

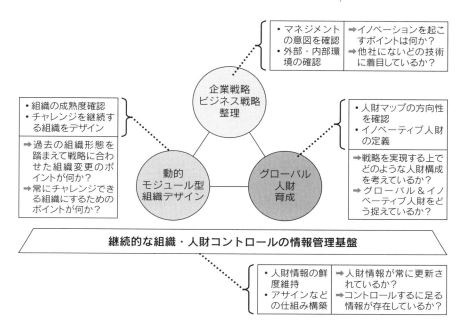

図2-26　組織・人財改革の構築ステップ全体像

状態に持っていきたいかのグランドデザインが重要となる。その上で、その人財構成を整理し、どのような変遷をたどり、最終の姿に持っていこうとするかの検討が必要となる。その際に、グローバル＆イノベーティブ人財をどう捉えているかなどの定義も重要となる。

最後に④継続的組織・人財コントロール基盤構築では、継続的にイノベーションを起こすことができる組織・人財づくりのために、人財情報の鮮度を保つための仕組みが重要となる。人財情報の管理者を置くことも必要だが、人事評価などのサイクルの中で自然と鮮度が保てるようにする必要がある。また、意図的に人事をコントロールするための仕組みも必要となるため、きちんとした履歴管理やアサインの仕組みも重要となる。合わせて、セキュリティ保持に関しても細心の注意を払う必要がある。

それでは、それぞれのステップとポイントを見ていく。

79

ビジネス戦略との整合をとる　～①企業戦略・ビジネス戦略の整理

　企業戦略・ビジネス戦略の整理では、組織・人財改革の全体がビジネスの方向性と整合が合わなくなり、人事だけの施策のようになることを防ぐ効果がある。一般的には、この組織・人財改革は人事系の部門が先導役を務めることが多い。企業によっては、人事部門が独自に考える手法などを取り入れており、それはそれで一定の効果があるものの、経営全体としてはベクトルが合わなくなることがある。ここではそういったことを防ぐためにも、まずは経営の意図を入れる（魂を入れる）作業と考えている。

　企業戦略・ビジネスの戦略の中の1つとしても、人財戦略として、教育プログラムの充実や評価制度の見直しなどは常に実行されていることが多い。それをさらに、経営戦略や製品戦略と同期を取りながら進める必要がある。経営戦略や製品戦略も実際に、経営を実践し、製品を開発するのは組織であり、人が行っている。経営をどのようにやっていく、製品開発はこういったものを実施するという具体的な作業や内容に落とすと、組織や人は指示待ちの状態になり、決して顧客思考のイノベーティブな組織・人財は創られない。ある程度の具体性は必要だとは思うが、どちらかと言えば、わかりやすい標語のようなものでメッセージを伝えた方がより効果を発揮することが多い。

　最近では、ソリューションという言葉を用いる企業が多いが、こうした顧客の問題を解決するという標語を用いることで、組織や人財の中で少しずつ自分で考える領域が生まれ、プロアクティブに行動するといったことはよくある。

　ただ、どの経営層もそこまで任せるには勇気が必要なことでもあるので、実際にはマイクロマネジメントをしている例も多い。それを防ぐためにも今、経営層が考えていること、そして今後の方向性として考えていることを戦略、技術、人財、組織などの面で整理をするのである。その際に、自社のことだけでなく、競合他社や、いまだ競合ではないが今後進出しようとしている他社のことなども研究する良い機会と捉えて、整理をすることが、経営層にとっても自らより深く考えることにつながる。

　こうしてまとめた内容を組織・人財改革をする関係各所に公開し、皆でその内容を確認し討議することで、互いの理解を深めることが重要となる。

第2章 ものづくりモデル変革手法

顧客優先のアサインをする 〜②動的モジュール型組織デザイン

　動的モジュール型組織デザインでは、まず①企業戦略・ビジネス戦略の整理の結果を受けて、組織としてのビジョンやミッションを明確にする必要がある。会社全体としての組織ビジョンは、企業戦略・ビジネス戦略の中の1つとして明確になっている場合も多い。その会社全体のビジョンも受けて、各組織としてのビジョン・ミッションを定義することが重要となる（図2-27）。

　記載フォームは自由だが、内容として、ビジョン・ミッション以外に、主要業務のタイトルと内容、関連する組織との関係、持っている責任と権限、組織として目標とするKPI、必要な会議体といった項目を明らかにする必要がある。ここで重要なことは、ミッション以下の項目も単純に現状の業務やKPIに引きずられるのではなく、あくまでもビジョンを討議した上で、ビジョン達成のために必要なポイントに絞って記載することが重要となる。

組織定義	組織名称		
	組織長		
	ビジョン		
	使命・ミッション		
	主要業務	ビジネス企画	
		投資判断	
	上位組織		
	下位組織		
	連携部署および、連携業務		
組織管理事項	主要責任		
	主要権限		
	主要KPI		
	主要会議体		

図2-27　組織定義書

また、この作業を実施するメンバーだが、各組織の長はもちろん、組織運営を実施するコアメンバー数人でたたき台を作成し、経営層のレビューの後、組織メンバー全員に説明をし、共感をしてもらうことが重要である。この説明は全体で実施するのみでなく、個別に部・課などの小集団ごと、場合によっては個人別にきちんと説明をし、理解し共感してもらうことが重要となる。

　次に、組織のビジョンやミッションが明確になった後は、組織の成熟度モデルの中でどこに位置にいるかを認識することが重要となる。そして、前項の企業戦略・ビジネス戦略の整理や組織のビジョン・ミッションなどで設定した目標に対して、どの組織モデルを目指すのか、もしくは最終的な目標達成に向けてどのようなステップを歩むかを検討することが重要である（図2-28）。

　それぞれの特徴は成熟度モデルの図を見てもらえればわかるが、縦軸に着目すると、企業全体での提供付加価値と記載している。この意味は、自社のみにこだわらずに、協業している他社もいればそれも含めた組織として考える必要

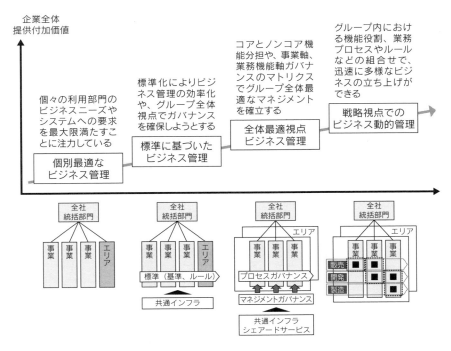

図2-28　動的モジュール型組織デザイン　組織成熟度ステージ

があるということ。つまり、各事業やエリア、そしてガバナンスのためのあらゆる基盤の全体を考え、組織をデザインすることが重要となる。

　必ずしも、自社にとって一番右の戦略視点でのビジネス動的管理を目指すことがすべてではない。自社の状況に合わせて、適切なモデルを選択する必要がある。個別最適なビジネス管理を基本として、他はアサインの仕組みで対応し、目標を達成しているという企業もある。重要なのは、組織モデルをどれにするかという議論ではなく、自分たちの実施したいビジネス戦略と、抱えている人財を踏まえた際に、どれが合致するかを討議することがポイントとなる。

　組織のデザインに気を取られすぎて、立派な仕組みはできたが、全く中身が伴ってこないと意味はない。個別最適なビジネス管理 ＜ 標準に基づいたビジネス管理 ＜ 全体最適視点ビジネス管理 ＜ 戦略視点でのビジネス動的管理の順で、必要な仕組みの重さも比例すると考えてもらってもよい。直接のビジネスに関係ないものはアウトソースするという考えもあり、様々な活用方法も検討した上で、自社に合った組織デザインを選択してほしい。

感度の良いセンサーの持ち主を育てる
〜③グローバル／イノベーティブ人財育成

　グローバル／イノベーティブ人財育成では、前項の動的モジュール型組織デザインと並行して実施することが多い。組織と並行して人財戦略をインプットにステップをスタートさせる。

　まずは、人財戦略を構築するために必要なビジネスモデル変革や人財像の定義などの施策を整理する。この人財戦略は、企業戦略、ビジネス戦略との関係が明確になっている必要がある。同じメッセージが込められた人財戦略でないと、実行の際に違和感が出ることが多い。

　この人財戦略をインプットに、人財開発計画とあるべき人財定義を行う。人財開発計画では、今後のビジネスモデル達成のために必要な人財能力の分布を整理する。どのようなレベルにどのようなスキルを持った人財が必要かを、スキルマップの形式で整理をする。このスキル定義の際にも、単純な世の中にあるスキルをまとめるだけでなく、個人が持っているポテンシャルを評価できるようなスキル項目を入れることで、意図的に人財を開発するための仕掛けを仕込んでおく必要がある。

　例えば、「インテグリティー」といった項目として、「自己が過去に実施して

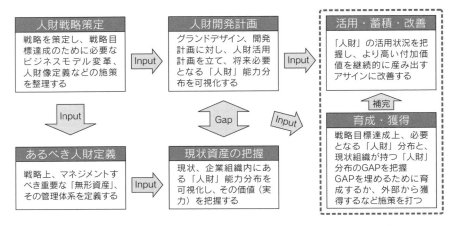

図2-29　グローバル/イノベーティブ人財育成のステップ

きたことを否定しながらも新たなことを定義できる能力」などを定義することで、新たなチャレンジをする人財を会社が求めているというメッセージがより具体的な形で個人へ伝わる。あるべき人財定義では、開発計画と並行しながらこのような人財に必要なスキルの管理体系を経営層レベルの合意形成をしながら構築する。ある程度の経営層を巻き込むことで、この定義をインプットに現状の人財資産の能力分布が完成する。このことにより、開発計画で検討した必要な人財分布と実態の人財分布が対応でき、その差となるGAPが明確になる。

　このGAPを把握することで、それを埋めるための活用・蓄積・改善をするアサインのような仕組みなど、付加価値を継続的に産み出す手法の検討を行う。顧客起点に立ちながら、常にチャレンジをするような感度の良いセンサーを持つ人財を育てるには、現場の顧客に近いところで新鮮な経験を積ませることが有効に働くことが多い。また、それを補完する形で、育成・獲得といった教育プログラム構築や、採用活動への反映などに役立てることが可能となる。

　このようなステップを経由することで、グローバルでイノベーティブな人財構築のきっかけを作ることができる（図2-29）。

仕組みで人財を育てる　〜④継続的組織・人財コントロール基盤構築

　継続的組織・人財コントロール基盤構築では、一般的な組織・人財に関する人事的な側面（組織名称、氏名、年齢など）の情報よりも、意図的に定義した

能力や組織の方向性に関する情報とセットで扱われる必要がある。また、情報の鮮度が非常に重要であるため、普段の人事制度のサイクルの中でこの鮮度を保てるような仕掛けが必要となる。

　採用、中期の方向性確認、目標設定、評価などのサイクルでは、組織・人財改革で会社として重視している項目に関しても確認を取ることが重要となる。例えば、常に顧客起点で考えるためにアドボカシー戦略を採用していたとした場合には、アドボカシーとは何かだけでなく、組織にとってアドボカシーがどれほど重要な位置づけかについても確認した上で、目標設定や評価をすることで、年に何度かは必ずそのキーワードに触れることになる。最初は、年に数回のことが毎年それを継続することで、個人の中に定着していくことが基盤構築の狙いでもある。このサイクルの際の個人のコメントなどもきちんと保存、履歴管理することで、個人の成長やコメントの鮮度なども管理でき、それを実際のアサインの際に考慮することなども可能となる。

　人財をコントロールするための情報としても、このような一般的なスキル面だけでなく、どのようなプロジェクトでどのような経験をしてきたか、また本人がどのような将来を希望しているかなどを情報として管理することで、双方にとっても個人に重点を置いた情報管理とコントロールが実現する。アサインの際に、スキルだけで、本人の経験や希望の項目がない状態、本人の希望の変遷がない状態では適切なコントロールができなくなる。個人一人ひとりの情報を管理することは大変だが、そういった小さい情報を積み重ねることの方がこの人財育成にとっては重要である。

　また、チャレンジすることに対してマイナス評価でなく、必ず加点評価しかできないようにする仕組みなども重要となる。イノベーティブな人財育成には、このチャレンジ精神をつぶさない、むしろそれを助長させるようなことが非常に重要となる。通常、評価は加点評価で話されることが多いが、実際には相対的な評価の中で、原点方式により優劣を決めることはよくある。基本的なスキルの評価も重要であるが、むしろ企業戦略・ビジネス戦略に合わせて設定された能力項目を、加点評価で評価することが重要と考えた方がよい。

　自社の人財だけでなく、特定の技術に関する団体や学会のような情報も有効活用できることが多い。イノベーティブな人財であれば、自らそのような情報を取得することができるかもしれないが、最初はきっかけとしてどこにどのような情報があるかをガイドすることで、育成を助長することが可能となる。新しい人財を育成するためには社内にある情報も重要だが、社外の情報にも目を

向けておくことが重要である。
　このように組織・人財改革を支える基盤を構築することが、継続および定着のためには有効であることを理解いただきたい。

　以上、4つのステップで組織・人財改革を構築する手法を紹介してきたが、このステップは他のステップと並行して通常は必要なステップである。改革を実施する際には、改革の中身だけに重点が置かれ、人財面に着目せずに実行されることが多い。我々は少なからず人財や組織といった枠組みを活用することが改革成功にとって必須事項だと考えている。ぜひ、今回記載した組織・人財改革とセットでプロジェクトを実行し、プロジェクトを成功に導いてほしい。

"プロダクトアウト型発想"から"コア技術活用イノベーション型発想"に変える（問題解決型アーキテクチャの構築ステップ）

　こちらもステップに行く前に、我々の考える事業構想・アーキテクチャ分析の位置づけを明確にしておく。
　この領域では、東京大学ものづくり経営研究センター（MMRC）とのコラボレーションで活動しており、その分科会である統合型ものづくりITシステム（IMIS）研究会の東京大学の朴先生と青山学院大学の阿部先生とで共同研究を行っている。両先生に特別に執筆いただいた内容なども紹介しながら、この領域における我々の考え方を記載する。
　ここで我々が重要と考えているのが、ビジネスアーキテクチャ戦略である。例えば、自社でソリューションビジネスをするためのプラットフォームを構築するか、他社のプラットフォームを活用するかなど、変わりゆく産業構造の中でグローバルのどの技術と組み合わせ、自社の強みやビジネス優位性をどこに見出すかを見極めながらビジネスを進めることが重要となる。この戦略は、最初に構想すればそこに向かって猛進すればよいわけでなく、その都度ビジネス環境変化に対して迅速に戦略転換する必要がある。したがって「事業シナリオ」を構想し、新規事業をプロデュースする組織力、適宜、迅速に「アーキテクチャ分析」など、未来予測をしながら自社のビジネスを分析、評価し、その結果により軌道修正する手法も身につけなくてはならない。
　事業構想力を高めながら、それを実行するソリューションベンダーとしての

新しい「ものづくり組織力」を向上し、かつ戦略に合わせて素早くイノベーションを実現し、製品ポートフォリオを再構築できる「アーキテクチャ」の柔軟性を確保することが重要になるのである。それはまさに、今までに説明したパラダイムシフトを起こす過程で獲得した、「ものづくりモデル」を再構築する能力となり、今後の問題解決型アーキテクチャを支える武器となる。

それでは、ここからステップの説明に移る。

問題解決型アーキテクチャを構築する　～ステップ全体像

問題解決型アーキテクチャ構築のキーとなる、事業構想に合わせた技術の追求を実現するために、まずは自社の技術を抽出し、その技術と他の技術を組み合わせてどのような事業構想実現を担えるか、そして、そのイノベーションを継続して仕組み化するための情報基盤を構築するなどの内容で構成されている。

まず、ステップ自体は、大きく3つに分けている（図2-30）。

①コア技術抽出

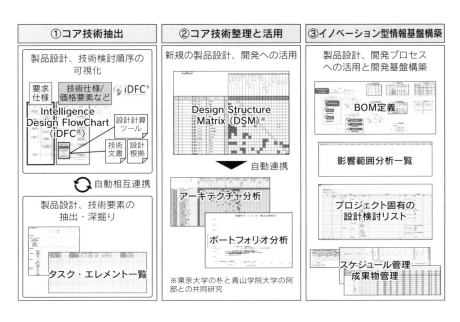

図2-30　問題解決型アーキテクチャ構築のステップ全体像

②コア技術整理と活用（アーキテクチャ分析）

③イノベーション型情報基盤構築

　最初の①コア技術抽出では、現状の製品戦略と戦略達成のために保持している技術要素、その検討順序などを可視化し、現状のコア技術を抽出することでアーキテクチャ構築のベースができる。これは、前述のデザインモデル構築を活用することが多い。

　次の②コア技術整理と活用（アーキテクチャ分析）では、①の結果をDSM経由でアーキテクチャ分析、ポートフォリオ分析に取り込むことで、コア技術との組合せにより新たな製品が産まれる可能性検討が行える。ここが、東京大学の朴先生と青山学院大学の阿部先生と共同で研究している分野である。

　最後に③イノベーション型情報基盤構築では、①②を継続的に実施できるための基盤として、BOMの定義や、変更時の影響度分析、プロジェクト固有の設計検討リスト、スケジュール管理や成果物管理などの基盤を構築する。これにより、アーキテクチャ分析とそこで検討された新製品開発をフォローする仕組みが常に整い、問題解決型のアーキテクチャが構築される。

　それでは、それぞれのステップとポイントを見ていく。

自社の製品を考える　〜①コア技術抽出

　コア技術抽出では、第2項の、"デザインモデル（Design Model）の構築"の手法を活用することが多い。ただ、ここで重要なことは、目的がアーキテクチャ分析につながるようにすることである。第2項では、要求仕様、技術仕様、生産設備などからくる制約関連の仕様を中心に説明したが、ここでは、当該製品として重要視している仕様を追加する必要がある。

　例えば、保守の容易性、顧客からの信頼性、目標原価の達成、グローバル生産性など、重要と考えている項目を追加で抽出する。そのような内容も技術検討要素と捉え、要求仕様との関連性や技術検討要素間の関係性を整理する必要がある。この作業を実施する際にも、検討経緯などの根拠や関連するツールや文書があれば合わせて管理しておくと技術伝承にもつながる。

　この際に気になるのが、技術要素との粒度感である。技術要素は比較的細かく出るが、保守の容易性などはかなり大きな意味を含むため違和感があると感じることがある。しかし、ここでは特に気にする必要はなく、製品開発におい

て検討している要素を大きい括りでよいので抽出することがキーとなる。次のステップでさらに詳細に分析が必要となれば、もう一度細かく要素分解をすればよく、最初から詳細な要素分析は不要と考えてほしい。（当然、最初から詳細がわかっている場合にはそれを抽出した方がよい）

プロダクトアウトから脱却する　〜②コア技術整理と活用（アーキテクチャ分析）

　コア技術整理と活用では、コア技術の抽出で抽出したエレメントをDSMに取り込み、それをアーキテクチャ分析に連携させることからスタートする。詳細の説明は今回特別に執筆をお願いした阿部先生のコラムに委ねるが、我々として実施する際のポイントを簡単に記載しておく。
　まずアーキテクチャ分析の際に、特に重要な項目は前述の保守の容易性、顧客からの信頼性、目標原価の達成、グローバル生産性など、企業として重要と考えている項目の重みづけとブレークダウンである。この項目をどう設定する

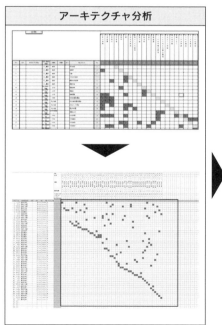
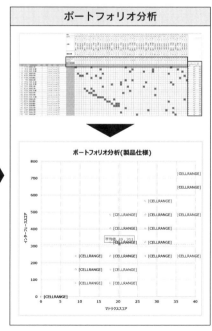

図2-31　アーキテクチャ分析とポートフォリオ分析

かで、自社としてのアーキテクチャ分析の結果を大きく左右することになる。

　普段は感覚的に重要視されている項目、または、DR（デザインレビュー）などの場面で確認されている項目とは思うが、これをアーキテクチャ分析の手法を活用して可視化し、分析することで数値化され、さらにポートフォリオ分析を実施する（図2-31）。これにより自社としてのコア技術の内容と、その根拠が明確になる。すると何を大事にし、何をアウトソース活用してもよいか、また、他のどの技術と提携するとよいかなどが見えてくる。それが経営層を含めた納得感につながり、感覚的なものづくりから論理的なものづくりへ、そして新たなイノベーションへのパラダイムシフトが可能となる。

　分析と並行して重要なことは、経営層の覚悟である。イノベーションではよく言われることだが、実際にアーキテクチャ分析を実施して抽出された新たなイノベーションにつながる製品開発をメンバーが実施したにもかかわらず、否定しかしない、マイナスなコメントしかしないというのは、レビューの場でよくありがちな光景である。確かに報告内容としてまだ十分でないものもあるとは思う。また、経営層の期待値を下回っていることも多いと思う。

　しかし、メンバーがトライし、チャレンジしてくれたことは、しっかりとプラス評価していただきたい。さらに、そこには何かしらのインセンティブも検討していただきたい。そして実施させるメンバーを抽出する際にも、業務上キーパーソンとなる人物をアサインいただきたい。いずれも経営層の覚悟がないとできないことである。我々がともに改革をさせていただく場合には、必ず経営層にお願いをしていることである。ぜひ、参考にしていただきたい。

コラム

「新しい製品やビジネスづくりについて」（前編）

青山学院大学ヒューマン・イノベーション研究センター 客員研究員

阿部 武志

　日本企業が求める新しい製品やビジネスは、企業によってそれぞれ強み（技術、ノウハウ）やリソース（人財、モノ、金）が異なるため、新しい製品やビジネスづくりの具体的な戦略や方策も異なる。例えば、競合他社や成功企業の製品やビジネスづくりをコピーしても上手くいかず、雲をつ

かむような手さぐりの中で行われているケースが多くある。

　しかし、多くの日本企業には形こそ異なるが、世界に誇れる技術やノウハウを商品化できる組織力を持っている。したがって、そういった組織力を有効に活用したビジネスモデルに進化させることで、新しい製品やビジネスづくりに展開できる。例えば、新興国を含んだグローバル市場向けの商品開発能力として、ターゲット市場の生活環境（ライフスタイル、困り事など）を十分に調査分析し、顧客の変化を読み解く能力（組織力）を強化することで、すでに備わっている技術力を活かした新しい製品やビジネスを生み出すビジネスモデルへと展開できる。

　世界に誇れる技術やノウハウを有効に活用した新しい製品やビジネスを生み出す、ビジネスモデルを構築するための重要な要素として「連鎖」が挙げられる。例えば、企業や組織の根底となっている文化の連鎖（人から人へ引き継がれる風土）や技術の連鎖（商品から商品へ引き継がれるノウハウ）やプロセスの連鎖（作業から作業へ引き継がれるコトバ）などである。日本企業が得意とするそういった「連鎖」を再確認し、有効に活用することで顧客に合った商品コンセプトで新しい製品やビジネスを生み出すビジネスモデルが構築できる。

　日本企業が得意とする「連鎖」を有効に活用した、新しい製品やビジネスを生み出すビジネスモデルづくりのフレームワークを**図2-A**に示す。

　顧客ニーズと自社内外の技術力の「連鎖」を有効に活用した新しいビジネスモデルづくりは、「顧客」・「技術」・「連鎖」でモデル化できる。ここでの「顧客」とは現地の利用者（消費者）を意味し、「技術」とは自社内外の商品化に必要な技術力を意味し、「連鎖」とは顧客と技術をつなぐ「設計情報の転写」を意味する。

　そこで、新しい製品やビジネスづくりに必要な能力をコアコンピタンスに置き換え、新しいビジネスモデルづくりを深掘りすると、そのビジネスモデルづくりのフレームワークは、現地の利用者（消費者）である顧客を魅了する能力「カスタマーコンピタンス」、商品化に必要な技術力である良いものを創り出す能力「テクノロジーコンピタンス」、企業の表舞台と企業内（裏側）を連鎖させるアイデア（ビジョン）を形にする能力「リンケージコンピタンス」で表現できる。

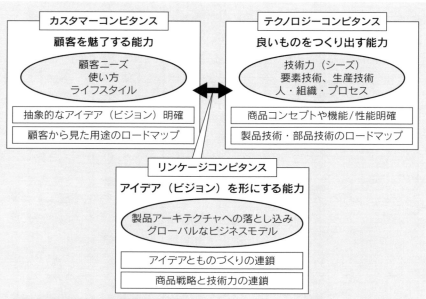

出典：朴英元、阿部武志、大隈慎吾、2011年
図2-A　新しいビジネスモデルづくりのフレームワーク

　ここで言いたいことは、新しい製品やビジネスを生み出すためには、単に利用者（消費者）に近い「顧客を魅了する能力（カスタマーコンピタンス）」や技術や生産を重視した「良いものを創り出す能力（テクノロジーコンピタンス）」を高めるだけでは不十分で、利用者（消費者）と技術力を連鎖させる「アイデア（ビジョン）を形にする能力（リンケージコンピタンス）」が必要不可欠であり、新しい製品やビジネスを生み出すためにはアイデア（ビジョン）を形にする能力（リンケージコンピタンス）の役割が大きいことである。

　「連鎖」を有効に活用した新しいビジネスモデルづくりの方策として、アーキテクチャ分析が挙げられる。アーキテクチャ分析の全体像を**図2-B**に示す。

　アーキテクチャ分析は、「製品やビジネスに要求される制約（例えば機能・性能や顧客の声など）を製品やビジネスの項目（例えば構成部品や価値など）にどのように配分（連鎖）させるか？」、「機能（ファンクション）

現行の取り組み

背景情報　制約条件（暗黙知）

要件－機能MAP

機能－構造MAP

構造－工程MAP

インテグラル／モジューラー

アーキテクチャ分析

要件　機能　最適解の整合　最適解

機能　構造　最適解

工程　構造　最適解

組織　構造　最適解

要件－機能性能－工程を形式化

機能A　組織E
要件H　工程M
構造Y
機能B　組織F
要件J　工程N
構造Z

競争優位に必要な情報連携の構造

出典：朴英元、阿部武志、大隈慎吾、2011年

図2-B　アーキテクチャ分析の全体像

間や部品/制御（コンポーネント）間のインターフェースをどのように設計するか？」といった製品のアーキテクチャ・ロジックを形式（モデル化）し、複雑性・複雑さ（すり合わせ度）の測定およびマネジメント（最適化）することで、競争優位な新しい製品やビジネスを生み出すビジネスモデルの構築や競争優位な新しい製品やビジネスを生み出すものづくり戦略構築をリードするシステム・アーキテクト育成が可能となる。

　多くの日本企業は、暗黙のうちに自前の技術力や生産力をもとに、利用者（消費者）ニーズに合った商品化を行うことで売上を予測し、商品化の意思決定を行ってきた。しかし、グローバルな市場で勝負する新しい製品やビジネスづくりでは、「自前の技術力・生産力で商品化すれば勝算が見込めるのか？」、それとも「グループ会社を含む社内外の技術力や生産力との連携で商品化すれば勝算が見込めるのか？」などが予測できるシミュレーション能力やスピーディな意思決定が行えるアーキテクチャ・ロジック形成が求められる。アーキテクチャ分析は、まさに、グローバルな市場で勝負できる新しい製品やビジネスを生み出す上で、必要不可欠なアーキテクチャ・ロジックを形式化（モデル化）する道具（ツール）として活用している。

次世代に技術をつなぐ　〜③イノベーション型情報基盤構築

　イノベーション型情報基盤構築では、①コア技術抽出と②コア技術整理と活用（アーキテクチャ分析）を継続的に実施するための環境構築が重要となる。こちらも、特別に執筆をお願いした朴先生のグローバル統合型ものづくりITシステムの提案として第5章に記載いただいているので、我々として実施する際のポイントを簡単に記載しておく。

　まず重要と考えていることは、BOM構築などの際にも言われている粒度の問題である。デザインモデルでご紹介したエレメントレベルの細かい粒度のものから、製品群さらにはさらにその上の抽象化したモノ（サービスも含む）のような大きな粒度のすべてを扱えることが必要となる。一般にPLMシステム導入の際に、製品構成管理の定義として討議するようなチェックイン・チェックアウト、履歴管理などの機能面の単位にも気を配りながら、イノベーションにつながるための情報基盤を構築することは非常に難しい。一度、パッケージなどで定義をしてしまうとその後の柔軟性をなくす可能性もあるため、基盤検討の最初のBOMも含めたデータモデリングがキーとなる。我々は現時点で捉えられている将来を見越して、このデータモデルを実施している。

　次に重要と考えていることは、設計者の作業補助的な機能強化である。設計変更をした際の影響範囲を検索できるツールや、既存のプロジェクト管理ツールで作成している検討リストなどとのエレメントの連携、既存のスケジュール管理や成果物管理といったツールとの連携などは、よく機能強化をお願いされる。すでに現在実施している業務の中で、新たなことを追加でやってもらうことが多いため、なるべく現状の業務プロセスや規程にうまく落とし込めるような工夫をすることがこの基盤構築のキーとなる。また、このようなものはそれほど大きなシステム投資などをしない範囲の機能追加で賄えることが多いため、機能追加をすることで設計者の作業負荷やモチベーションダウンを軽減できる。ぜひ、そのような工夫を試してみていただきたい。

　以上、3つのステップで問題解決型アーキテクチャを構築する手法を紹介してきた。この領域は我々としても研究段階である。しかし、実際に取り組みとしての要望が多い部分でもある。ぜひ今後、本書の続編として紹介したいと考えているので、期待していただきたい。以上、今後の期待値が大きくなってしまったが、ここで問題解決型アーキテクチャ構築の項を終わりにする。

第 **3** 章

変革への道 1：
グローバル市場の
フロント（営業）を変えろ
～クライアントのニーズに迅速に対応する

　ここからは、「変革への道」と題して、今までに説明してきた手法を、実際に適用した事例とポイントを3つに分けて紹介する。まず、最初の「変革への道」では、自動車やパソコン業界で使われていることが知られている、いわゆるセールスコンフィギュレータの活用で、グローバル市場で海外の競合メーカーと対等に勝負をすることを目指した改革事例を紹介する。設計開発の領域は情報の機密性が高いため、製品の内容まで踏み込んだ記載ができないことをあらかじめご了承いただきたい。また、紹介する内容は特定のプロジェクトを限定した事例ではなく、いくつかの企業・製品へ適用した事例を織り交ぜて記載することで、対象が特定できないようにしてある。ただし、読者の皆様には、我々が考える実際の手法とポイントは伝わるようにしてあるため、参考にしていただきたい。

第1節

変革の道への第1歩
（前提と背景）

特注が標準

　この「変革の道」は、第1章でも述べた個別受注生産方式を採用する企業で、海外で思うように売上・シェアが伸びない製造業の抱える問題と考えている。さらに、それも国内では売上・シェアともに優良な企業が多い。

　今までは、国内中心で企業や製品事業部として十分であったが、国内の市場は縮小傾向にあり、新興国や途上国の市場を求めて進出し、最初はある程度まで売上を伸ばしたものの、なかなか伸びない、もしくは売上は伸びているものの利益が上がらないといったことをきっかけに、我々に話が来ることが多い（図3-1）。

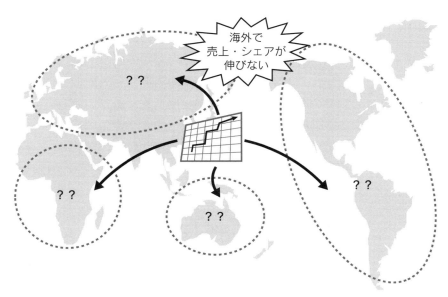

図3-1　海外で伸び悩む企業

実際に海外の状況をヒアリングすると、
①海外では営業の製品知識、製品に関連する技術知識が低い
②日本との距離感（時間・言語を含む）により技術のGAPが埋まらない
③代理店販売など販売自体をアウトソースしている
といった、日本の環境との大きな違いが挙げられる。

　日本では、担当営業が顧客をしっかりサポートし、最初から要求をヒアリングし、顧客要求に合わせた製品提案ができ、顧客もそれを付加価値と感じてくれ、製品そのものの機能だけでなく、品質や企業の信頼までもが価値として認めてくれている場合が多い。一方で、海外では、日本で価値とされていることが価値とは認められず、むしろ提案スピードや価格に重点が置かれているため、日本式のやり方を少しでも持ち込むと、そうこうしているうちに顧客は競合製品を購入してしまっていることが多い。

　実際に受注している製品をよく分析してみると、国内で受注している製品は半分以上が個別受注品（以下、特注品もしくは特注と記載する）、つまり、標準品に何かしらの顧客要求をカスタマイズした製品が納品されており、標準ラインナップのまま納品できている顧客は少ないことがわかる。一方、海外ではほとんどが標準品しか売れておらず、わざわざ納期や価格の高い特注品を発注

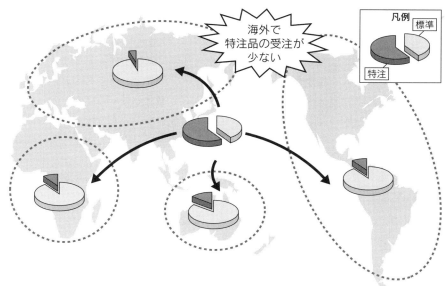

図3-2　市場別の個別受注品の割合

してくれていないことがわかる（図3-2）。

　すなわち、国内ではむしろ特注品が標準的に売れて、利益の源泉となっているというよくわからないことが起きているにもかかわらず、それでも企業は成り立っていたので、それを良しとしてきた歴史がある。結果的に標準のラインナップを見直そうという動機づけが弱く、むしろ特定の顧客の要求を聞き、標準に入れることの方が正となってしまっているのだ。これは、標準という考え方がむしろ海外メーカーとは異なっていることの象徴と言える。

　海外では、そのような営業との会話を楽しんでいる余裕はなく、カタログに載っている製品を欲しいときに欲しいだけ、すぐに用意してくれる企業に発注をかける傾向にある。そのため、欲しいものがカタログに載っていなく、営業に聞いても、ひとまず持ち帰えられてしまうと、そこでゲームオーバーということになる。

　いかに、顧客が欲しいものを、その場で提案できるかが重要であり、それがわかりながらどうしたらよいか判断できない企業はかなり多いと感じている。

　そこでいよいよ我々の出番がやってくる。

あなたの言うことは、この本に書いてある

　当然、日本製造業で、このような状況分析を自ら実施し、その対策を打って、海外でも着々と売上・シェアを伸ばし、利益を上げている企業もたくさんある。しかし、我々に声がかかる企業の多くは、それを人手で切り抜けて、そのままの業務プロセスを自動化すべくシステムを導入していることが多い。例えば、海外に技術の詳しい人間を送り込み、顧客からの要求を聞いて特注を素早く対応できるようにしたり、特注をする意思決定プロセスを早くするために承認プロセスを効率化し、システム化したりしている。また、BOM（Bill of materials：部品表）などに詳しい人がいる企業では、製品コードの統合や見直しが行われていたりしている。

　つまり、これらの対策では、我々の考える抜本的な対策を打っていないように感じるのである。そこで、そういった企業には、最初に前章で挙げたような我々の抜本的な対策として、製品の根幹であるデザインモデルの重要性について理解してもらうことが多い。

　そこでは通常、グローバル市場で売上・シェアを伸ばすために営業改革を実

施することが多いが、その前に必ずデザインモデルで示しているような設計・開発分野の改革を実施しておかないと、大きな手戻りになることを伝えている。日本の特注を重要視する製品では、製品に機能を実装する部分が暗黙知となっており、そのような状態でラインナップを増やしても効果は限定的で、むしろコストが余計にかかることが多いからである。

それを見直すためには、設計のルールを明確にして、製品の構造自体を見直す必要がある。その上で、営業系の活動につなげる必要がある。

【よくある事象】

  1）見積りのリードタイムが長く受注が伸びない
  2）利益確保ができない

【考えられる原因】

  1）ラインナップが少なく、標準品で対応できない
    ✓ 実績のある仕様でも特注で対応している
    ✓ 標準化やルール化を行っていない
  2）新しい情報やルールを容易に全拠点に展開できない
    ✓ 拠点に応じて、様々なシステムやデータベースが構築されている
    ✓ 各拠点でローカルルールが存在し、情報が拡散している
  3）製品設計のプロセスが多い
    ✓ 製品設計時に技術計算などが複雑でわかりにくい
    ✓ 複数人でチェックをしないと品質が担保できない
  4）手戻りが多く、間接工数が膨大になる
    ✓ 受注までの仕様確定プロセスが複雑でわかりにくい
    ✓ 検討の抜け漏れや手戻りが発生してしまう

あるとき、こんな話をする機会があった。そこでは、部長級以上のメンバーが集められ、デザインモデルを中心に変革のためのポイントを紹介し、どこかの部署で活用できるかどうかの討議をすることとなった。

我々がある程度ポイントを説明したとき、ある部長が「あなたの話している内容なら、この本にもっと詳しく書かれている」と指摘し、いくつかの質問をぶつけてきた。それは、我々にも心当たりがあるものだった。その書籍とは、前職で我々が出版したものに違いないと思ったからである。

「失礼ですが……」と書籍の内容を確認していただくと、「えっ、そうなの？

ホントですね」と納得が得られ、その後は何事もなく討議に入ることができた。

討議の中では、可視化したルールをどう営業が活用するか、それにより業務がどう抜本的に効率化されるか、が討議された。また、製品としてどのような特徴のある製品に、この手法が適用できるかについても討議された。

討議では、書籍に書いている内容以外に、我々が実際の事例で培った内容を踏まえて、こういった背景を持った企業・製品への対策として以下のような討議がなされた。

【"グローバル市場のフロント（営業）を変えろ"に必要な対策】
1) コンフィグルール構築（iDFC、インポータの活用）
   ✓ ルールの陳腐化を防ぐために、メンテナンス性を高くする
   ✓ 製品体系に柔軟に対応する
2) ルール連携基盤の構築（API化）（Application Programming Interface）
   ✓ 様々なシステムと連携しルールを有効活用する
   ✓ システム拡張を容易にする
3) システムの導入（コンフィギュレータ）
   ✓ 仕様が選定される際に、複雑な技術計算を行うことができる
   ✓ 入力可否や不可理由などが入力者にとってわかりやすい
4) 業務プロセスの再構築（DSMの活用）
   ✓ 部署間、部署内の重複、手戻りを最小限にした業務プロセスを再定義する
   ✓ 今までの歴史にとらわれない単位、粒度を再定義する

その討議結果もそうだったが、その後の我々の事例を見ても結果としては、あらゆる製品へ適用する価値があると感じている（図3-3）。

ちなみに、先ほどの討議した企業では、最初に質問をした部長の部門がかなりの特注を定常的に扱っていることなども背景に、取り組みを最初に実施することとなった。

いよいよプロジェクトがスタートする。

第3章 変革への道1：グローバル市場のフロント（営業）を変えろ

狙い	効果
・特注品を標準化し、コスト競争力をつける ・顧客要求を迅速に自動で製品の仕様に落とし込む	・人依存の受注スタイルから、不要な都度設計レスを実現 ・ラインナップの拡充により、売上拡大を達成

As-Is

人依存の受注スタイルのためグローバル市場で対応できない

商品範囲がわからず問合せが多発

問合せ対応と似て非なる設計検討で忙殺

文書提出などの対応遅れによる受注機会損失

スタンプラリーのビジネス承認

GAP

To-Be

精度が高く、早い見積りで受注確度を向上

グローバル全体に広い商品ラインナップを仕様制約踏まえて誘導し提案

設計検証のロジックを実装することで不要な都度設計レス

GAP	原因		対策	
見積りのリードタイムが長く受注が伸びない	ラインナップが悪く、標準品で対応できていない	実績のある仕様でも、特注で対応している（標準化やルール化を行っていない）	コンフィグルール構築（iDFC®・インポータ）	・ルールの陳腐化を防ぐため、メンテナンス性を高くする ・製品体系に柔軟に対応する
	新しい情報やルールを容易に全拠点に展開できない	拠点に応じて、様々なシステムやDBが構築され、情報が拡散している	ルール連携基盤の構築（API化）	・様々なシステムと連携しルールを有効活用する ・システム拡張を容易にする
	プロセスが多い	技術計算などが複雑で、複数人がチェックしないと品質が担保できない	システムの導入（コンフィグ）	・仕様が選定される際に、複雑な技術計算を行うことができる
利益確保ができない	手戻りが多く、間接工数が膨大になる	受注までの仕様確定プロセスが複雑で、抜け漏れや手戻りが発生してしまう	業務プロセスの再構築（DSM分析）	・部署間、部署内の重複、手戻りを最小限にした業務プロセスを再定義する

図3-3 "グローバル市場のフロント（営業）を変えろ"に必要な対策

第2節

変革の道への第2歩
（実施ステップとポイント）

コンフィギュレータって何？

　まずは、実行計画フェーズからスタートする。我々が参画する場合は、どのプロジェクトでも最初に実行計画フェーズを実施させてもらっている。実行計画フェーズとは、改革の目的を明らかにして、その目的を達成するための「あるべき姿」と「現状の姿」を対比することから始まる。そして、そこから見えてくる差（これを我々は「GAP」と呼んでいる）の原因をなぜなぜ分析をするようにブレークダウンしていき、根本原因をいくつか明確にした上で、それを解決する施策を検討するというステップを踏む（図3-4）。

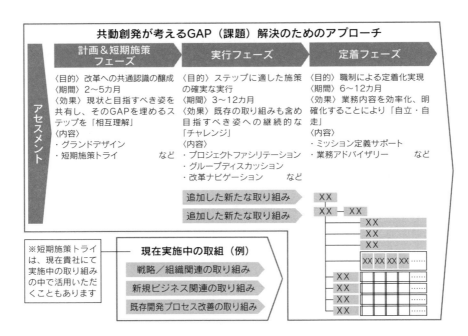

図3-4　課題解決のためのアプローチ

この一連の作業をプロジェクトに参加しているメンバーと一緒に実施することで、今、自分たちが置かれている状況を直視し、目標に向けて改革するための準備と心構えをしてもらうのである。

　ロジカルシンキングでいう、ピラミッドストラクチャーやロジックツリーといった手法を参考にしながら、これらの作業を実施してもらうことで一体感が生まれることが多いので重要視している。
　また、ロジカルシンキングでも同様だが、改革を実施する際に重要なのは、Howではなく、Why、Whatと言われる。よくあることだが、例えば上長から「○○のような活動を通じて△△の目的を達成してほしい」と指示を受けた際に受け手側はすっかり勘違いし、「○○の活動を実施してほしい」と思い込み、活動をしていることがある。そう、活動自体が目的化しているのである。
　これには、上長にも原因がある。今まで何度も目的だけを伝えて指示をしてきたとしても、上長目線で見ると一向に目的を達成する兆しがないことが多く感じられるため、思わず言ってしまった活動の例が指示となるのだ。
　改革は、すぐに効果が出るものもあるが、概して時間のかかるものである。ある程度ゆったりとした気持ちで、ただ確実に前に進んでいることだけは抜かりなく確認するような工夫が必要である。そういった経営層の思いと現場の思いを、トップダウンあるいはボトムアップとしてうまくつなげるのも、我々の重要な役割として行動してきたのは前述の通りである（図3-5）。

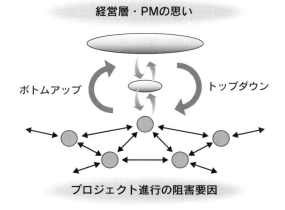

図3-5　経営者と現場の思いをつなぐ

このような改革自体の思いの差を生まないためにも、我々は実行計画フェーズを大切にしている。企業やプロジェクトに応じて、実施方法はいろいろと工夫しているが、ここでの一体感や感触がプロジェクトの命運を大きく分けることが多い。プロジェクトを実施するのは「人」である。プロジェクトの提案を受けて業務を実施するのも「人」。社内での人間関係や、今までの組織のしがらみなど様々な過去を踏まえて、新たな一歩を踏み込むためにも、そういったメンバーの選択と、キーマンを押さえる必要がある。

また、実行計画フェーズはプロジェクトの最初だけでなく、定期的に見直しを進めている。企業の戦略や目的は、外部環境に応じて変更を余儀なくされることがある。それに応じて実行計画で立てた施策も、修正や追加が必要になってくる。時には大きな計画の変更をしなくてはいけないこともある。

我々が大切にしているもう1つに、実行計画フェーズと同時に実施する短期間に効果を実感できる簡易な実施施策の採用がある。我々は、短期施策トライといった呼び方をしているが、これは顧客の状況に合わせて、最も実施した方がよいと思われることを実施することにしている。例えば、設計開発プロセス上で必要となるツールを作成したり、事象として発生しているコード分析ツールを作成したり、マニュアルなどの一部を作成したりすることなどを通じて、計画全体の理解とともに、効果を多少なりとも実感してもらうことが重要と考えているからである。

あるプロジェクトで、施策の1つとしてコンフィギュレータを活用した方がよいとなり、トライアルとしてサンプルを作成することが短期施策トライとして有効と考えたことがあった。しかしこのプロジェクトでは、ほんの一部の人がコンフィギュレータを知っていたが、知らない人が圧倒的に多かった。実行計画フェーズを実施する中でも、「コンフィギュレータって何ですか？」といった質問が出たときには、このプロジェクトはかなり難易度が高くなる可能性がある、と思った瞬間であった。

そこで皆を集めてコンフィギュレータのそもそもの意味、一般的な使い方、実際の事例の紹介などを行うこととなった。初めてコンフィギュレータのことを知った人たちからは、特に誰からも質問も出なかったが、一応このようなことが必要であることは理解してもらえたと思う（そう、信じたかった）。

そこで、トライアルは一部の人を選抜して実施することになった。必要性を感じている人に、一部のメンバーを選出していただき、コンフィギュレータの機能、トライアルを作成するために必要な情報などを説明して、情報収集する

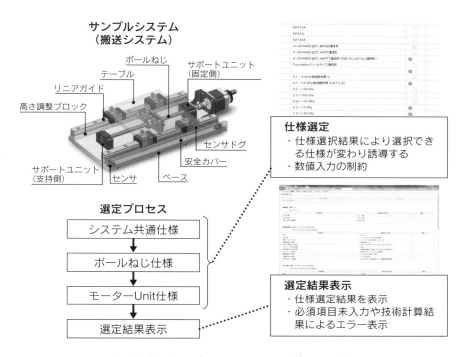

図3-6　トライアルのコンフィギュレータ

こととなった。一般的にトライアルは早く目に見えるものを作りたいため、適当な情報で作成してしまうことがあるが、我々は、なるべく実施するポイント、特に実行計画フェーズで出てきている目的や根本原因に結びつくようなことを重視して実施することとしている。

　この事例の場合には、暗黙知となっているルールの明確化、製品のすり合わせに関する分析がポイントとなっていた。この詳細に関しては次章の第4章で詳細に説明するが、単純にコンフィギュレータのトライアルをするのでなく、そこに必要なルールエンジンに実装する設計情報、技術情報をサンプルとして示すことで効果を感じてもらうことに、できる限りの時間を割いた。

　ある製品の一部ではあるが、それを一緒に実施してくれた担当メンバーは、そもそものあるべき姿を目指し、過去の製品のしがらみ（?!）と戦いながら、製品を組合せ型に変えるための設計情報、技術情報を明確にしていってくれた。そしてそのルールを活用して、トライアルとしてのコンフィギュレータを完成させることができた（図3-6）。

完成したコンフィギュレータを活用して、あるゆるメンバーに説明をしに回った。設計メンバーはもちろん、営業メンバー、製造メンバー、保守メンバーなど何回も回った。初めは何も質問をしなかったメンバーからも、コメントが出るようになった。

【説明を聞いた後のコメント（抜粋）】
　✓ 設計メンバー：「これがコンフィギュレータなのですね。これなら、もっといろいろな機能を追加することができるのではないか？　また、今までにない考え方で出てきているので、いろいろと有効活用できるのではないか？」
　✓ 営業メンバー：「入力のしやすさや、ルールやチェックのわかりやすさは非常に良いが、今後これを営業が入力するのか？　それならもっと入力しやすくしてほしい」
　✓ 製品運用メンバー：「今までのシステムでは実装できなかったルールが実装できるのではないか？」
　✓ 製造メンバー：「もっとこれにルールを追加すれば、今製造でチェックしている内容を入れることができるのではないか？」
　最初にも話したが、パソコンや自動車業界ではコンフィギュレータが活用されているが、それをいくら説明しても他人事、所詮、自分のこととは感じられなかった人も、本当に自分が扱っている製品で活用できるイメージを見ることで、このようなコメントができることが多い。つまり自分のモノ・コトとして真剣にコメントをし始めるのである。
　実行計画フェーズで分析した内容と合わせて、このようなトライアルの結果を活用することでイメージが伝わり、プロジェクトを加速することができるという意味では、非常に有効な方法だと感じている。
　いよいよ、プロジェクトらしい状況になってきた。

君たちは何をしたいのか？

　本格的にプロジェクトがスタートすると、次によく起きることがある。それは改革などせずに、元に戻そうとさせる動きである。どのプロジェクトでもそうだが、変わらなくてはいけないことは頭ではわかっていても、何十年もそのプロセスで実施してきたやり方を変えるということは、かなりハードルが高い。

特に、今回のような特注を標準的に実施してきて売上を伸ばしてきているのだから、なぜ、特注をやめるようなことをするのかという意見が出てきてもおかしくない。だが、それは今のビジネスモデルが維持できている前提での話で、実際に業務を実施していると、いつまでもそのビジネスモデルが続くだろうと錯覚を起こしてしまっているのである。

これは、日本製造業ではかなり多く見られる特徴で、ビジネスの危機的状況を経営トップが感じ始めても、また、現場の一部門で小さな問題が現れ始めても、それが全部門に伝わるのは数年、いや数十年を要すると考えられている。

実際に、改革がうまくいっているように見える会社にお邪魔して数名の方に話を聞いただけでも、元に戻ろうとする発言が聞かれることはかなり多い。

このプロジェクトでも、ある部門に実行計画の内容と、短期トライアルの結果を説明しようという会議の場があった。そこでは、社内でも改革が少し知られてきていた時機で、その人もどこかから情報を得ていたようであった。

説明をしようとした開口一番に、

部長：「そもそも君たちは何をしたいのか？ それを一言で伝えてくれ」

我々：「それを説明しに来たので、資料を説明します」

部長：「いや私が知りたいのは、そんなことではない。資料には書いてない」

我々：「では、何が知りたいのでしょうか？」

部長：「この改革を本当にやりたいと思っているのは誰なのか？」

我々：「実行計画を実施してきたメンバー全員、および、そのオーナーです」

部長：「本当にできると思っているのか？ 君たちはどうなんだ？」

我々：「実施すべきだと思っています、他社でも実施してきています」

部長：「ウチはそんなに簡単に改革できた試しがない。今までやろうとしてできていない」

我々：「どの辺りができないのでしょうか？」

部長：「実行計画の粒度では、何を変えようとしているのかわからない」

我々：「それでは、もっとできることを確信するレベルまで討議しましょう」

部長：「本気なら付き合ってもよいが、そうでないなら時間のムダだ！」

我々：「ぜひ、やらせていただきたい」

このような会話は、ほんの一例だが、同様の主旨の会話は、よくプロジェクトで発生する。そう、最初から変える気がない、変えられるわけがないといったことが前提で話を聞いているのだ。このプロジェクトではこの後、改革内容

をより詳細に定義して実施することとなったが、こういった壁を越えられない
と改革は絵に描いた餅に終わり、改革せずに元の業務プロセスに戻る。そう、
前と何も変わらないのである。計画を実施した結果、改善といったレベルのこ
とを実行するときにはすんなり受け入れられるが、改革のレベルに行くと、こ
ういったいくつもの壁が現れる。

　壁を越えるのか、壊すのかはプロジェクトにより異なるが、そういった壁を
乗り越えないといけない。

　話をコンフィギュレータに戻す。コンフィギュレータは、前述した各業務メ
ンバーのコメントにもあったが、いろいろな活用の方法がある、それには目的
に合わせて実行方法を変える必要がある。そこが、コンフィギュレータを難し
くさせる原因の1つと考えている。また、さらにに難しいのは、設計領域の結
果をサプライチェーン側の業務に反映させるための接点になっていることが多
く、業務への影響範囲がかなり広くなることが多いのである（図3-7）。

【コンフィギュレータの活用方法（例）】
　1）リードタイム（見積り、設計検討）の短縮
　　✓ 仕様選定結果から自動見積り
　　✓ 仕様選定結果から自動提案図面出力
　　✓ 提案プレゼン資料の自動作成
　2）設計ルール可視化
　　✓ 設計ルール可視化により特注設計の効率化
　　✓ 設計上の技術計算作業の効率化
　3）引き合いから製造までの業務効率化
　　✓ オーダー情報の製造連携による納期リードタイム短縮
　　✓ 設計・製造連携による設計変更業務の効率化
　4）そもそもの営業／設計スタイルの抜本的な見直し（意識改革含む）

　コンフィギュレータを実行するときには、上記のどの目的や業務に焦点を当
てるかにより、実施内容が大きく異なってくるため注意が必要である。特に、
コンフィギュレータのポイントとしてルールというのがキーとなるが、この多
くは設計部門のメンバーから抽出してもらう必要があり、実際に成果が出てく
るのが営業シーンであったり、製造シーンであったりと、他の部門であること
が多い。つまり、組織横断的な改革となることが多いのが、この実行の難易度

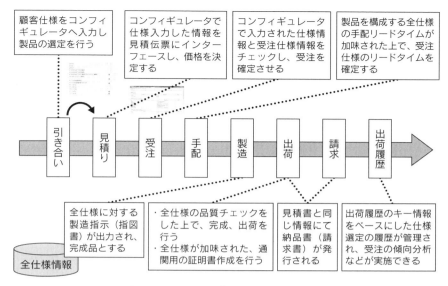

図3-7　コンフィギュレータの影響範囲

を上げる大きなポイントでもある。

　我々はこういった、ルールをなるべく効率良く整理し、それを早く効果として刈り取れる方法にポイントを置いている。

　それでは次に、そのルールにポイントを当てた一例を紹介していこう。

誰も知らないルールの根拠

　ルールを整理する際に必要な考え方として、製品の構造・体系の整理がどこまでできているかが重要となる。通常、仕様と製品の関係を何かしら表形式で整理されていることが多いと思う（**図3-8**）。

　ただ、この表形式のルールは、人が目で見るには見やすいため、カタログなどで記載し、顧客が仕様を選定するには適している。しかし、ルールを設定する側からすると、非常に難しい。パソコンや自動車のようにある程度選択肢が限られている場合はよいが、製品自体が複雑な場合、または、仕様自体が複雑に絡み合う場合、いわゆる「すり合わせ型」の場合は設定がしにくい。それは、仕様と仕様、仕様と製品の関係が単純なものでなく、技術的な計算式や品

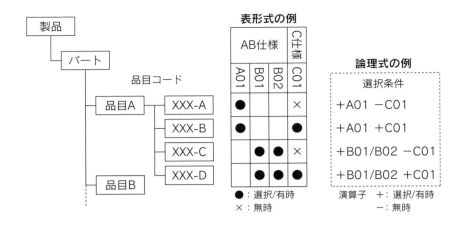

図3-8　ルール表記の例

質などの閾値によって決まってくるためである。

　実際にそういった仕様と仕様、仕様と製品の関係を表形式、特にマトリクスの2次元表で表現しようとすると、○でも×でもない微妙な範囲が非常に多くなり、表自体にしていることがあまり意味のないものとなることがよくある。また、そういった意味のないものとわかっていても、先輩方がそれをベースに技術検討をしてきているため、新人がそれを引き継いだ場合、○でも×でも表現できない部分を△とだけで表現され、どういった理由で△なのか、あるいはどういう条件だと○になり、どういう条件だと×になるのかがわからないまま設計をしていることがある。

　あるプロジェクトで、ルールを整理しようとマトリクスのルール整理表を読み解いていた際に、△となっているルール部分を確認すると、どうしてもわからないルールが判明した。ベテラン社員にも入ってもらい確認をしたものの、現在のメンバーは誰も知らないということがわかった。ルールを整理する以前の問題として、技術が継承されずに普段設計をしていたというのは恐ろしいことだが、実際にこうしたことはよく起きる。

　この事例の場合には、幸いにその後、技術情報を知っていた嘱託社員が見つかって事なきを得た。

　事例を見てもわかるように、ルールを整理する際のポイントは、○×ではなく、その背景にある技術計算などを含む根拠にあると我々は考えている。逆に、こういったルールが複雑な企業ほどルールを技術計算も管理できる定義書

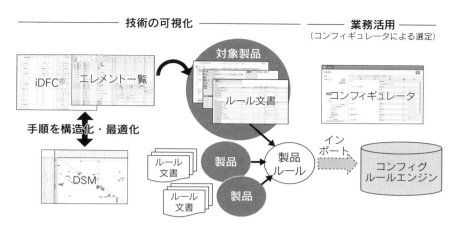

図3-9　コンフィグルールの可視化

で整理し、可視化、形式知化した後、コンフィギュレータを活用すると効果が大きく表れる。日本製造業は、こうした技術知識を活かした設計をしていることが多いため、このコンフィギュレータが有効に働くのである。もう少しこのポイントを説明したい。

　我々はルールのベースとなる、仕様や製品に関する要素をエレメントと呼んでいる。このエレメントを抽出することが重要となる。それは、複雑な設計業務を見える化するツールとして活用されるデザイン・ストラクチャー・マトリクス（Design Structure Matrix　以下、DSM）などを用いる過程において、エレメントの関係性が明確になるだけでなく、製品設計をするためのプロセスや情報を構造化・最適化できるからである。DSMの定義などは様々な書籍が出ており、説明はそちらに譲るとして、我々はそのDSMを用いた整理の中で、構造化・最適化されたプロセスや情報の単位を再利用できる形式にし、仕様のバリエーションや仕様間の排他・ルール、技術計算プロセスをルール文書として定義するのである。

　そうしたルール文書を、販売するサービス・システム・製品の単位で組み合わせてコンフィグルールとして構築し、コンフィギュレータシステムのエンジン部分として実装するようにしている（図3-9）。

　この再利用をする定義書の作成が、その後の製品バリエーションを増やすキーとなる。今まで「すり合わせ型」で設計をしていた製品が、再利用された

文書により「組合せ型」で設計可能となり、今までは実施したくとも特注としてしか対応できなかった製品を、組合せを用いることで標準として実現できるようになるのである。

　つまり、複雑な製品構造のままルールを可視化しようとしても、それは全く意味のないものとなり、余計にわかりにくい。またそのルールを実装しても、仕様選定はできないことになってしまう。まずは、製品の構造を仕様の観点から徹底的に見直して、できる限りシンプルにしてからルールを整理することで、再利用や組合せという状態が実現できるのである。

　このことが、新製品のコンセプトや、今までにない組合せを発想するヒントにもなり、従来の標準製品の考え方を変える変革点となることが多い。このように、実は今までの技術の組合せだけで新たな製品が産まれ、顧客にとっての価値訴求ができる、自社すら気づかないような気づきをもたらす可能性も広がるのである。この事例については、巻末の第5章で改めて述べる。

　このように、暗黙知となっている様々な技術情報を単純に形式知化するだけでなく、他部門が活用できるレベルまで定義することがコンフィギュレータの活用法（例）で挙げたような効果を最大限に出すポイントとなるのである。

　こうして佳境に入ってきた、プロジェクトの話に戻そう。

こういうモノが欲しかった

　ルール定義が進み、リリースへ向けてテストなどを始めると、効果もイメージできるようになってくるが、不安な点も明確になってくる。

　まず、最も多い不安点は、営業の入力負荷の問題である。今まで設計メンバーが対応していたものをルールという形で一度定義すると、特にそれを設計メンバーが対応する必要はなく、営業側でそのルールを活用して、顧客と仕様選定を実施すればよい。ただ、今まではあいまいな仕様や要件で設計に伝えれば、設計側がきちんと回答をしてくれたのに対し、ルール定義を明確にしたことで、正確に仕様を入力しなくてはならなくなる。そう、入力といった1つの業務を見ると、今までより入力負荷が多くなっているように感じるのである。

　そのようなことを感じた営業メンバーからは、「なぜ、後工程が楽をするために、営業だけが苦労しなくてはいけないのか？」といった、コメントまで寄せられることがある。今まで、設計からの回答が遅いと文句を言っていたにもかかわらず、いざ、それを解消するツールを提供すると、それはそれで文句を

第3章　変革への道1：グローバル市場のフロント（営業）を変えろ

言いたくなるのであろう。営業の大変さを実際に見ていると気持ちがわからないでもないが、ここは何とか納得をしてもらうしかない。

　そこで、我々は、いくつかの工夫をしている。1つは、ルールエンジンのAPI（Application Programming Interface）化である。これは、ルールエンジンを現状の営業・販売システムから呼び出してもらうためのインターフェースを開発することで達成している。そうすることで営業から見た場合、入力業務の負荷はそれほど感じずに目的を達成することができる。新たな画面やツールを提供してしまうと、それだけで抵抗感が出るのを抑えるのには有効である。

　業務が変わることを意図的に理解させるために、あえて新画面を提供した方が有効な場合もあり、顧客の状況に応じて使い分けることを勧めている。

　もう1つは、入力負荷軽減のためのツール開発である。こういった製品の仕様の入力は項目も多く、そもそも大変なことが多い。営業メンバーに聞くと営業・販売システムに入力する前に、一覧化していることが多い。その一覧を見てシステムに入力しているのである。これは販売内容を精査する業務と、入力する業務とで、業務の違いから気づかないことが多いが、冷静に見ると二重入力ということがよくある。精査している段階は仕掛情報も多いため管理の仕方には工夫が必要となるが、こういった一覧を画面に読み込ませるようなツールを提供することで、入力負荷が軽減されることがある。

　プロジェクトに応じて異なるが、まだ他にも工夫できる余地はあるはずで、このような細かい気配りがプロジェクトを成功させる大きな要因になってくる。こういった入力の視点、活用の視点、それぞれで工夫をすることにより、プロジェクトがまた一歩成功に近づくのである。

　こうして完成度の上がってきた仕組みを改めて紹介すると、この製品が今度からは標準になるのか？　それなら、こんな製品も標準にならないか？　価格やリードタイムもリーズナブルになるのではないか？　このように、今まで無関心でいたメンバーからもコメントが聞けるようになる（図3-10）。

　最初はコンフィギュレータに関して、全く興味も示してくれなかった人が、「こういうモノが欲しかった」、「もっと早くできないのか？」と言ってくれると、我々としても非常にやりがいを感じる瞬間である。

　ところが、当然ではあるが、こうした仕組みだけを作成しただけで、製品が売れるわけではない。これも、どのプロジェクトでも必ず起きることである。むしろ仕組みを作った後の方が重要となる。仕組みを作ったことでどれほど売

113

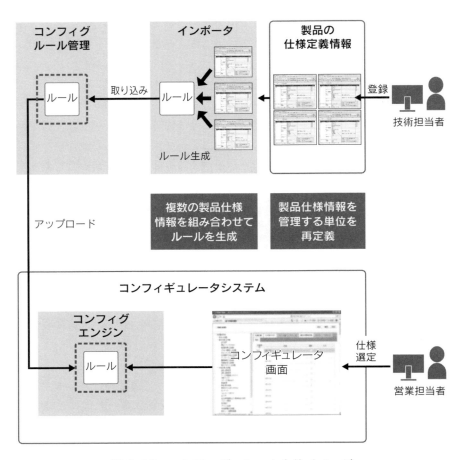

図3-10　コンフィギュレータ全体イメージ

上向上に寄与したかなどは非常に計測しにくいし、それを分ける意味がどこまであるかは不明である。ただ、こうした活動が仕組みに関わったメンバーだけでなく、その後のあらゆる人および顧客へ仕組みの重要性とともに、その製品が変わった点、新たな価値訴求に向けて行動をしていることが伝わるきっかけになるのである。

　そう、こういったことで問題解決をする姿勢を示すということも、ソリューションへの一歩なのである。

　そして、プロジェクトとしての最終局面を迎える。

第**3**節

変革の道への第３歩
（成果）

　ビジネス側のスケジュールと、仕組みとしてのスケジュールが明確になって
くると、いよいよ実際に市場に問いかける時期がやってくる。実際の製品販売
と同時に、新たな仕組みを使った業務運用が開始する。製品のリリースの方法
として、地域などを限定せずにグローバル全体で製品リリースする場合と、ま
ずはトライアルとして一部の限定した地域に製品をリリースし、その後の感触
や業務運用などを見て展開する方法とがある。我々のプロジェクトでは、大き
な仕組みを変えている場合には、たいてい後者で実施することが多い。

　実際に一部の限定した地域で製品をリリースすると、リアルな「顧客の声」
として、いろいろな情報が入ってくる。

【顧客からの期待の声】
- ✓ 今後の製品ラインナップに期待が持てるので、もっと新製品開発スピー
  ドを加速してほしい
- ✓ 今まで特注で時間がかかっていたのが、これなら標準になり製品検討し
  やすい
- ✓ 以前より、製品の構成がわかりやすく、仕様が選定しやすい

【顧客からの厳しい意見】
- ✓ 新製品という割には価格や納期に魅力を感じない
- ✓ 購買をする手間が増えたように感じる
- ✓ 製品バリエーションが増えたのは良いが、製品カタログが見にくい
- ✓ 製品だけでなく、現地でのサービス、アフターフォローをよくしてほし
  い
- ✓ 仕様選定をもっとわかりやすくしてほしい

　「顧客の声」というのは、非常に現実的なものである。我々は将来のため
に、今の変革をやっていると常に言い聞かせていたとしても、こういった声を

115

聴いていると非常に胸が痛くなる。しかし、プロジェクト、いや企業はそれでも常に新しい価値を追い求めてチャレンジする必要がある。そのように、改めて強く思う必要がある。何もやらずにどんどんと収益性が悪くなり、撤退を余儀なくされるビジネススタイルよりも、果敢に自分たちの技術を活かして新たな製品/サービスを生み出すことにこそ、日本製造業が生きる道があると考えている。

　話を戻そう。トライアルを通じた実際の声を聞くことで、市場がどのような反応をするのか一部を見ることができる。良い声はよりそれを大きくし、厳しい声には何かできないかを考え、すぐに改善する運用体制を構築することが重要となる。

　本章前半に挙げたような、リードタイム短縮、ルールの可視化、業務効率化といったような効果は、トライアルの段階では計測も難しく、定量的な効果としてはなかなか現れてこないのが通常である。だが、そこで改革をやめてしまったり、あきらめてしまったりしたら何の意味もない。

　まずは、トライアルを通じて達成できた効果、達成できなかったことを踏まえて、改革を継続することに意味がある。実際のプロジェクトで仕組みのリリースをした際の効果や課題としてコンフィギュレータに特化した部分に関するものを紹介する。

【コンフィギュレータを導入当初の効果】
- ✓ 営業の仕様選定時にリアルタイムに選定結果がわかり、選定しやすくなった
- ✓ 技術の製品仕様の定義書の記述内容が統一化され、記入ミスがなくなった
- ✓ 仕様定義した内容が即座にコンフィギュレータのエンジンに登録されるため、システム反映のタイムラグが解消された
- ✓ 生産で今までチェックしていた仕様不備データが発生しなくなった

【コンフィギュレータ導入当初の課題】
- ✓ 営業活動の中で使用している他のツールとの連携必要性
- ✓ 技術が設定した仕様定義の内容を第三者がチェックする方法の効率性向上の必要性
- ✓ 複数製品へ展開された場合に、多くの人がシステムへ反映する際の運用改善の必要性

第3章 変革への道1：グローバル市場のフロント（営業）を変えろ

✓ 生産側にてコンフィギュレータで選定した結果、技術計算結果などを過程も含めて見える化が必要

　これらのように、あらゆる部門が実際にコンフィギュレータを活用した業務を開始することにより、実感として効果が表れてくるだけでなく、次々と見えてくる課題に対して、しっかりとサポートをしていくことが重要となる。また、コンフィギュレータのリリースを通じて、今まで達成できていなかった、いわゆるフロントローディングの1つの方法が実感でき、これを活用して技術伝承なども達成できることを理解する人が増えてくる。

　これらをさらに広げるためにも、今回担当していた製品のメンバーだけではなく、他製品の部門やメンバーにこの活動の主旨や今後の可能性に関して定期的に周知していくことも、活動の成功のためには重要な要素となる。

　最初の実行計画フェーズで整理した内容を改めて読み返しながら、当初の現状から、今回の改革をした後の姿を認識し、確実にあるべき姿に向かっていることを理解する必要がある。また、足りないもの、加速するために必要なものがあれば、早期に討議し実行することが重要となる。

　それは、システム的な対応だけでなく、ビジネス面・業務面の工夫、社内アナウンスのようなマーケティング的な要素も含めて実施し、定期的な活動の振り返りを行いつつ、実際の活用状況を見て対策を実行するようなことも必要である。

　このような情報をプロジェクトオーナーや経営層側も確認し、叱咤激励を続けて成果を認めることも重要となってくる。こうしたサイクルが継続することでプロジェクトは定常業務となり、プロジェクトとしては終わりに向かっていくのである。

　これで、プロジェクトのゴールが見えてきたのではなかろうか？

117

第4節

変革の道の続き
（今後に向けて）

　プロジェクトとしては、各業務部門へ引き渡し、それをサポートすることで終わりが見えてくるように感じるが、実際には、ここからがスタートのようなものである。

　実際のビジネスとしての結果は仕組みを作った後、これをいかにビジネスに浸透させていくかがキーとなる。よくプロジェクト終了後、数年して振り返りをしてみると実はその仕組みは展開されていなく、ほとんど使われていないということもある。こういったプロジェクトには共通的な特徴がある。

　1つ目は、仕組を構築していたメンバーとビジネスメンバーとの思いに乖離が発生し、ビジネス展開をしていく際の課題に答えられずに、「使いにくい仕組み」と思い込まれて、ビジネス側がその後、活用しなくなる場合。

　2つ目は、一部の限定した製品・地域で実施したものの、その後の展開の際に、展開先で大きな反対にあって一部のまま展開されない場合。

　3つ目は、他に別の仕組みが登場し、同じような業務を別の仕組みで実施することで、複数のやり方が定常的となってしまう場合。

　それぞれに理由はあるだろうし、それぞれに対応方法もあるが、いずれにしても重要なのは、当初の実行計画フェーズで決めた効果が得られているかにある。より良い仕組みがあれば、それに変えるのもよいし、一部の製品で当初狙っていた効果が出ているのであれば、それはそれで成功と言える場合もある。

　そのような成功と言える活動にするためにも、実施してほしいことは、少しぐらいの課題であきらめずに、必ず先を見て進んでほしいということである。

　コンフィギュレータで言えば、まずは、前述した様々な課題が起きることが予想され、それに対してはそれぞれしっかりと対応をしていってほしい。それと同時に、コンフィギュレータには先があることを理解してほしい。

　コンフィギュレータを、あくまでも仕様を選定する際のルールを仕組みにして提供するといったものであるが、それは活動の一部分であり、今後の企業が成長するために必要なスタートを切っただけと考えることができることがほと

118

んどである。効果や実施している結果が比較的見えやすいため、コンフィギュレータを最初の施策として実施することが多いが、それはあくまでもほんの序章だと考えてよい。

実際には、最終的に企業が売上を継続的に伸ばし、効率良く業務を実施するために必要な仕組みにつなげることが重要となる。

例えば、売上を伸ばすために、コンフィギュレータの仕組みをさらに拡張してナビゲーションの機能へ発展させ、今まで自社の製品を知らなかった企業に売り込むこともできる。また、技術伝承の仕組みと連携し若手の育成に拡張していくことも可能である（次章で詳細は述べる）。そして、コンフィギュレータでまとめた結果を活用し、新たな製品開発に応用していくことも可能である（こちらは第5章で述べる）。

以上のように、このコンフィギュレータの仕組みを口火に、様々な活動へ発展させている企業は多い。それも、自動車やパソコンといった組合せ型の企業でなく、すり合わせ型製品を扱う企業で実施されることが多くなっている。特に、日本製造業はこの点では後発である。コンフィギュレーションのエンジン自体が、海外で開発されているものがほとんどであることからも、このことがうかがえる。

今回、ご紹介したプロジェクトでも、プロジェクトメンバーが課題の対応で疲れているとき、レビューをしていた経営者から「この活動は今まで自社になかった新たな概念を取り入れるといった、難易度の高いプロジェクトである。またビジネスとしても、この課題に取り組まなければ先がないこともわかっている。プロジェクトの継続・展開は大変だとは思うが、ぜひ、この活動の先に何かが見えてくると信じて、これからもあきらめずに取り組んでほしい」というコメントがあった。

まさに、実施した先に見えてくるものを追い求めながら、実施するのが重要である。このプロジェクトでは、この活動を通じて見えてきた課題に、その後も果敢に挑んでいる。ぜひ、ビジネスとしての効果がしっかりと現れるまで活動を継続してほしいと考えているし、我々も最後まで一緒に取り組んでいきたいと考えている。

よく言われていることだが、プロジェクトが成功するか、失敗するかの違いは、最初のプロジェクトの実施内容を決める際にしっかりと見極めること、実施し始めたらそれが正しいか確認すること、そして、成功するまで実施し続けること、である。

119

真の変革を成し遂げるには、数々の困難が待ち受けていると思うが、本章の内容が、日本の製造業がさらに世の中に認められ、ものづくりモデルの創造的破壊（Disruption）を起こし、グローバルで戦う方法を身につけるための一助になればと願いながら、本章を終わりにしたい。

第 **4** 章

変革への道2：
製品開発の壁を壊せ
～全社のノウハウを活かし価値づくりを最大化させる

「変革への道」の第2弾は、日本製造業の多くが抱えている問題への対応に関する事例を紹介する。開発リードタイムがますます短くなっている製品開発業務の中で、どうやって技術を伝承していくのか？　そして、そのベテラン依存の設計の中で、どのように次世代に必要となる開発人財を育てていくのか？　そのような活動を通じて、既存の製品開発の壁を壊す取り組みをしている事例を紹介する。

第1節

変革の道への第1歩
（前提と背景）

作れば買ってもらえる

　この「変革の道」は、特定の製造業というより、日本全体の製造業の抱える問題のように考えている。なぜなら、日本全体が高齢化しており、現在のベテランが製品の技術を知っている最後の世代で、その1つ下の世代である40代の人数が少ないこともあり、十分に引き継がれておらず、このままベテラン世代が引退すると新たな設計・開発ができないのでは、と危惧されていることが多いからである。

　今までは、ベテラン社員が開発スケジュールに合わせる形でフォローをして、開発自体が遅れていながらも、何とかやってこれたというのが実情だろう（図4-1）。しかし、グローバル化や市場拡大により開発ボリュームが増えてくることで、ベテラン社員の数自体がボトルネックとなっている状態で、結果的

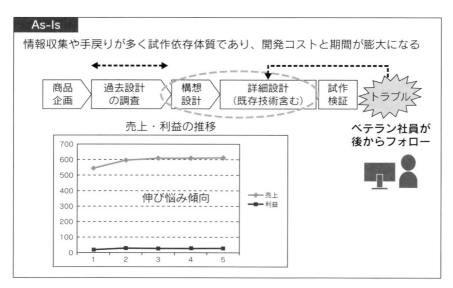

図4-1　開発遅延の実情

に開発の遅れが深刻化した段階で我々に話が来ることが多い。また、企業によっては開発の遅れだけでなく、開発はしているのに売上・シェアが落ちてしまっている企業もある。そう、作れば買ってもらえる時代のままの感覚が残っているのである。

実際に開発の遅れの状況をヒアリングすると、
①開発ボリュームに対し有識者の割合が減っている
②試作して初めて出てくる課題が多く、対応が後手に回っている
③アウトソースを活用しているが、正しい要求仕様による依頼ができていない、さらにノウハウが社内でなく社外（さらには海外）にたまる

のように、開発手法の問題や開発ツールの問題ではなく、開発自体のノウハウ、技術力そのものが落ちていて、その対応に窮している場合が多い。

今まで設計し販売していたものは、慣れ親しんだ市場に対して開発・販売しているもので、顧客もよくわかってくれていたし、作ったものの変化点を良い方向に解釈してくれて、採用をしてくれることが多かった。

しかし、本気で市場を拡大したり、ラインナップを拡大したりすることを考えた設計・開発は今までの延長線上にはない。何かしらのイノベーションを起こさないと市場から淘汰されているのを待つだけになる（図4-2）。

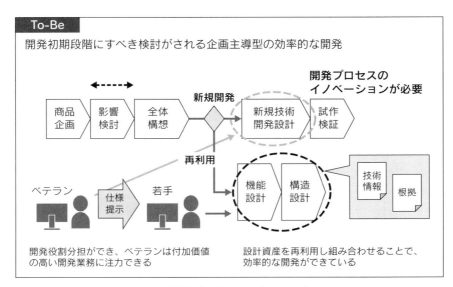

図4-2　開発プロセスのイノベーション

一方で、組織を見ると通常、製品別の組織体制を構えていることが多い。一般的に製品別の組織でイノベーションを起こすことは厳しいと言われているが、多くの企業は製品別の組織のままイノベーションを実施しようとしていることが多い。それでもイノベーションを起こす仕掛けが存在している場合には何ら問題はないのだが、仕掛けがないままトップダウンの号令だけでは、既存製品の小改善のような開発案件が多く、何かしら皆忙しくしているものの、市場に求められるようなイノベーションは一向に起きておらず、結果に結びついていないことが多い。

何かしら変わらなくてはいけない、というきっかけや動機がある場合はまだよいが、そのきっかけがないまま淘汰されてしまった企業もある。

ぜひ、今ある技術が優位性を保つうちに、新たな製品を生み出せる、それもベテラン社員だけでなく中堅・若手社員が主体となった、製品開発を実施する必要に迫られている企業の皆さんへの何かしらのヒントになればと願い、具体的な事例紹介を先に進めることとする。

開発の機会がない？！

我々に声をかけていただいた企業へ最初に訪問した際に、製品開発のスケジュールや実際の人員構成などをヒアリングすることが多い。すると、そこそこの製品開発数があり、人員も年齢構成など含めてバランス良くアサインされていることがある。しかし、その後の実態がわかってくると、その問題の深刻さに直面する。

それは、新製品を出しているにもかかわらず、旧製品からの切り替えが予定通り進んでおらず、製品切り替えタイミングを逸しているのである。その理由は様々であるが、新製品の内容や、各メンバーのスキルなどを聞いていくと実態がもう少しわかってくる。それは、各メンバーの得意技術分野などの確認の中で、製品全体の理解度、メンバー個人の担当している領域（得意領域）の理解度、自分の担当以外の部分の技術の理解度などを確認した際に、得意領域（担当の領域）の技術のみしか理解しておらず、製品全体はおろか、隣の人が実施している技術領域ですら、全く理解せずに設計をしていることがわかる。そう、メンバーのほとんどは、かなり偏った知識・経験・スキルによって設計業務を実施しており、製品全体を把握している（本質的に理解している）メンバーは担当メンバーにはおらず、そこはベテラン頼みになっているのである。

第4章　変革への道2：製品開発の壁を壊せ

　製品全体の機能・性能を考えずに（理解せずに）、それぞれの担当領域の設計を実施することは、設計領域の知識がある方なら、すぐこの危険な状態に気づくだろう。製品全体がモジュール化され、構造化されているような製品ならまだよいが、すり合わせがかなり多く残っている製品では、このような設計をしていると大きな手戻りや不具合が発生することが少なくない。

　つまり、表向きには何も問題がないように見えていた製品開発が、実際にはかなり危機的な状況になっており、対策をするどころか、問題に気づいていない（気づかないフリをしている?!）ように我々からは見えるのである。

　そこで、そういった企業には、前章で挙げた対策の1つである、デザインモデルによる可視化、特に、iDFCによる技術の可視化のトライアルの実施をしていただくことが多い。

　実際に開発をしている製品、もしくは直前に実施した製品において、その技術分野の一部分でもよいので、どのような技術を活用して開発をしたかを可視化してもらうのである。

　ポイントは、ベテラン社員が実施するのではなく、その開発に携わった若手社員を中心に実施してもらう。すると、本当に開発を実施してきたのですか？（もしくは、今から本当に開発しようとしているのですか？）と言いたくなるような結果が出ることが多い。

　ここでわかることは、開発はスケジュール通りに（通常、スケジュールからかなり遅れて）終了しているのだが、実際に実施したのはベテラン社員であり、中堅・若手社員からすると作業をこなしただけで、真の開発の機会とはなっていないのである。また、実際に開発している製品の内容を調べると、製品全体の大半が流用設計で、新規開発部分はほとんど存在しないことが多いのである。そう、中堅・若手社員にとって開発の機会はないも同然な状況になっているのである。

　これでは、人財育成どころの話ではない。そのような状況をまずは少しでもわかってもらうことが、この活動のスタートで重要なことである。そもそも何が起きているのかわからない人たちと討議を続けていても、そもそもの課題設定が合意できないからである。

　それでは、なぜこのようなことが起きてしまうのだろうか。複数の企業でこれらの活動をした結果、よくある原因と対策を先に紹介する。

125

【よくある設定されている目的】
  1）開発リードタイム 1/2（効率2倍）
  2）技術伝承、技術の形式知化

【考えられる原因】
  1）個別最適なすり合わせによるアーキテクチャ
    ✓ 経験と実績を頼りにしたすり合わせによる開発
    ✓ 変更による影響範囲が不明確で全体像がつかみにくい開発
  2）開発プロセスの属人的対応
    ✓ ベテラン依存（ベテラン頼み）による設計開発プロセス
    ✓ 明確なルールや手順が文書化されたものとしては存在しない
  3）設計根拠の暗黙知化（ブラックボックス）
    ✓ 設計資料は再利用できるような記載をしておらず、流用設計部分です
      ら都度設計が必要
    ✓ 設計結果のみの記載で設計根拠などが未記載
  4）ビジネスリーダーの不在
    ✓ プロジェクトマネジャー（リーダー）、プロダクトマネジャー（リー
      ダー）が育つような組織となっていない
    ✓ ビジネスリーダーになるためのスキル定義がされておらず、教育カリ
      キュラムも存在しない

【"製品という開発の壁を壊せ" に必要な対策】
  1）組合せ型アーキテクチャの実現
    ✓ iDFC を活用したデザインモデルの再考
    ✓ 製品プラットフォームの定義
  2）開発プロセスの最適化
    ✓ 新規開発と再利用開発のそれぞれの該当範囲の定義
    ✓ 製品開発全体を鳥瞰したプロセス再考
  3）設計ツール・根拠資料の形式知化
    ✓ 結果重視でなく再利用重視の成果物定義
    ✓ 低付加価値業務のアウトソース化を支える要求仕様定義
  4）ビジネスリーダー育成のための仕組み定義
    ✓ プロジェクトマネジャー、プロダクトマネジャーのステータス向上

✓ スキルの見える化と戦略に向けた組織アレンジ

技術力はまだあるはずなのに、開発効率が上がらない、開発のフロントローディングができない、技術伝承がスムーズにいかないなどの問題を抱えている企業に対しては、これらの打ち手は有効と考えている（図4-3）。

それでは、いよいよ実際の改革事例の詳細な中身に入っていくこととする。

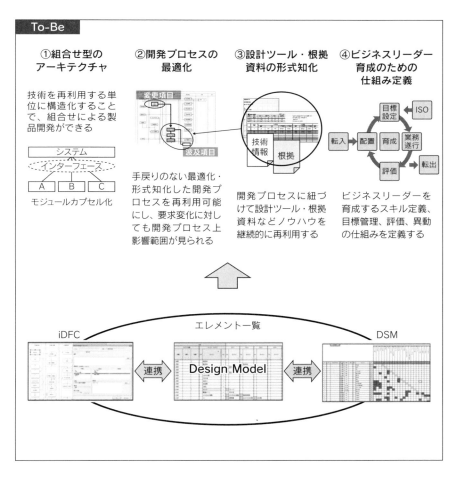

図4-3 "製品という開発の壁を壊せ"に必要な対策

第2節 変革の道への第2歩（実施ステップとポイント）

誰のための開発か？

　まずは、前述同様の実行計画フェーズを経て、開発プロセス改革を立ち上げる。我々は、最終的にはプロセスだけではなく、製品自体の構成や人財育成にもつながり、結果的には開発効率に結びつくことが多いのだが、プロジェクト上は定着化を考え、開発プロセスに落とし込む必要があると感じ、「開発プロセス改革」プロジェクトとして実施することが多い。

　開発プロセス改革のステップとしては、通常、①技術伝承を意識した可視化　②開発工数削減のための仕様/構造の再利用単位の最適化　③競争力強化のためのコア技術注力（ノンコア技術のアウトソース化）の3ステップで実施することが多い（図4-4）。

　技術伝承を意識した可視化では、iDFCを活用して設計した製品の概略フ

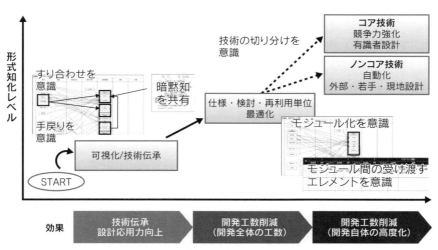

図4-4　開発プロセス改革のステップ

ロー図を作成していただくことからスタートする。この概略フロー図では、設計を実施している手順などから、設計の検討項目（我々はこれをエレメントと呼んでいる）と、その関係性を記載してもらっている。

中堅・若手社員が実際のエレメント抽出と関係性を明記しようとすると、どちらが入力エレメントで、どちらが出力エレメントかが不明なものが出てきたり、線自体がつながらないものが出てきたりすることが通常である。その状態でベテラン設計者に質問をすることで、フロー図全体が完成に近づいてくる。また、この過程でベテラン社員から聞いた内容や、個別に保管している設計根拠資料などとリンクを張ることができ、その過程を通じ、中堅・若手社員の技術伝承になっていることが多い。

なお、このときに、エレメントの粒度に関しての問題が必ず挙げられる。本当にすべてのエレメントを細かく詳細に挙げなくてはいけないのかと言われることが多いが、我々は、通常ターゲットの部位（ユニット）を決めて実施するか、全体を粗い粒度で実施した上で、特に不確かな部分などに絞って細かくしていくなどの工夫を伝えている。達成したい目的に合わせて、どこまで実施しなくてはいけないのかは異なるため、ぜひ、我々に相談してほしい。

このあたりのフロー図が完成すると、最適化の作業に移る必要がある。最適化自体をiDFCの機能を活用して実施することもあるが、ここでは、Design Structure Matrix（DSM）を活用した事例でご紹介する。DSMは設計・開発領域ではよく用いられる手法であるため、ここではDSMの紹介は割愛する。

まず、列側から見てプロットされているエレメントが多い場合には、その影響範囲が全般に及んでいることがわかる。そうすると、そのエレメントを中心に、どのようなロジック・ルールで影響し合っているのかを深掘り調査する。その中から、すり合わせ設計をした方がよいエレメント群と、そうでないものとを分類することができるのである。

次に、分類に応じて固まりを作る（グルーピングをする）。設計の視点から固定的なグループと変動的なグループを定義し、固定的なグループは他のグループへの影響が少なくなるように、設計の順番を先に固定する。その上で、変動的なグループを設計の効率が良い順番（手戻りが少ない順番）に並べていくことで、最適化を進めるイメージである。

また、この作業の中で、その製品のバリエーションのキーとなる仕様を見つけ出し、そのキーとなる仕様決定に関しては、設計時もそうであるが、レビューの際にも特にレビュー者に注力してもらうエレメントとして定義をす

129

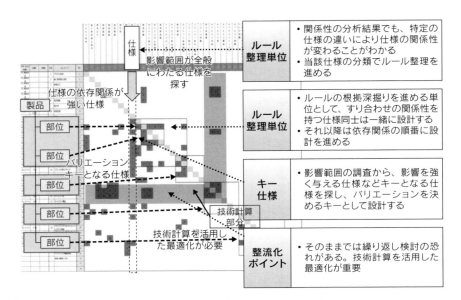

図4-5　DSMを活用した分析手法

る。さらに、ロジック・ルールの中で技術計算が伴うものに関しては、その計算自体が最適化されているかも見ることで、業務自体の整流化のポイントとして分析をする必要がある。

それ以外にも、いくつかの分析の視点（仮説）を用いて、実際の設計者（ベテラン含む）と話をすることで最適化を行っている（図4-5）。

我々はこれらの仮説をなるべく早く討議できるように、DSMの分析視点をシステム化して準備をしている。この最適化されたDSMの結果をiDFCに逆反映することで、再度設計者に設計の流れなどがおかしくないかを最終確認してもらい、今後の設計時のひな形として活用してもらっている。

この一連の作業を通じて実際に発生する事象がある。それは、エレメントを分類する際に現れることが多い（図4-6）。エレメントを様々な切り口で分類するのだが、メカ・エレキ・ソフトなど機能的な分類、つまりある程度目で見てわかるような分類はできるのだが、そのエレメントが顧客からのどのような要求か、設計からの要求か、工場などの製造上の制約、品質などの評価からくる項目か、といったすぐにわかるような分類ができていない。また実際に分類をしてみると、顧客の要求が不明確で、他社が実施しているから機能として入

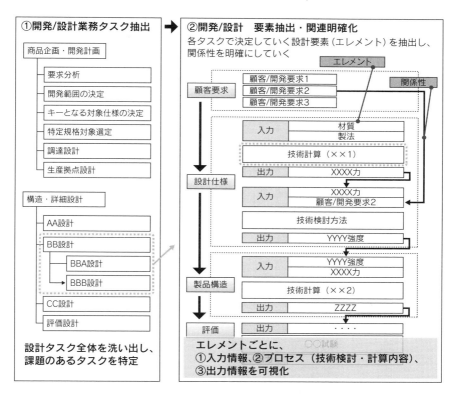

図4-6　設計要素（エレメント）分類のイメージ

れている、というようなことまでしかわからないエレメントが存在することに驚愕するのである。

　これにより、誰のための製品開発かがわからないまま、製品を開発・設計していたことが判明する。自社の製品は、そのようなことはないと言われる方が多いだろうが、実際にiDFCを実施してみると、意外とこのような企業が多いことがわかる。これでは、自社の強みが何か、それが何のために活用できる強みなのかといった議論に、論理的につながるわけがないのである。
　この開発プロセス改革の目的は、可視化が目的ではなく、自社のコア技術が何で、それを活かして今後どのような開発をするべきか、またどのように企業として変革をしていかなくてはいけないか、そのベースとなる部分を明確にし、次の一歩を踏むための準備をすることにある。このiDFCの作業をしてい

ただくと、このあたりのことを忘れて作業をされたり、報告会が開催されたりすることがあり、さらにはコメントする側も目的とは異なるコメントをされることがあるので、注意をしてほしい。そんなメンバーとのやりとりなどから、企業の実力がわかる事例を続けて紹介する。

私はこうして作られた（偶然の産物）

　開発プロセス改革プロジェクトでは定期的に内容をまとめて、経営層を含めて報告会を実施していただいている。実際に作業を実施したメンバーが、どのようなことを実施してきたか、今後どのような予定で作業を継続していこうとしているか、そして今回の気づきや効果は何か、といったことを共有してもらい、それに対してのアドバイスなどがあればコメントを求める形式で、報告会が開催される（図4-7）。その報告会の一コマを紹介する。

　　メンバー：「iDFCを活用した活動を通じて、自分たちの技術レベルと今後の
　　　　　　　マネジメントへの活用が可能ということがわかりました」
　　参加者　：「この活動の定量的な効果は何なのか？」
　　メンバー：「明確には定量化ができていませんが、今回の結果を活用するこ

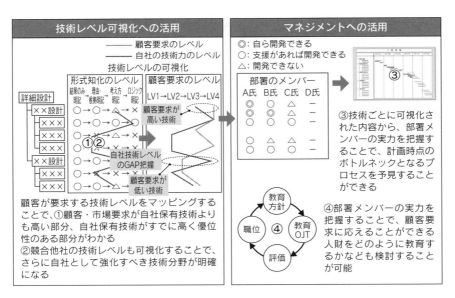

図4-7　iDFCによる報告内容の例

とで、次回から開発ボリュームを減らせると考えています」

参加者：「今回これをまとめるのに使った工数と、次の開発ボリュームが
　　　　減る分とは効果として見合っているのか？」

メンバー：「たぶん見合っていると思います」

参加者：「たぶんでは困る、今後もこれを続けるのであれば、可視化のた
　　　　めの必要工数と、開発が減る工数とを試算してほしい」

メンバー：「次回までに提示するようにします」

　このやりとりで、皆さんは何を感じるだろうか？　確かに、作業ボリューム
の試算は重要だから実施した方がよい。活動を継続したいのであれば、投資対
効果を出すのは当然である。このように思われる経営層が結構いるということ
に、我々はあらためて気づかされる。

　我々も、この投資対効果の議論が全く不要とは考えていない。ある程度は必
要と思う。しかし、このような中堅・若手メンバーが、その企業の技術レベル
を明示し、マネジメントへの活用についても考えたにもかかわらず、この貴重
な1時間程度の報告会を通じてコメントすることが、投資対効果である必要が
あるかについては疑問を感じる。

　当然、レビューをする側の方が、技術的にも経営的にも広い視野で深い見識
を持ち、参加してもらっていることは大前提としてある。また、この活動の最
終的な目的である、今後の自社のコア技術をどうすべきかを明確にしていきた
いとのゴールも示している。しかし、このメンバーは技術レベルの可視化をし
なくてはいけない状態にある。我々からすると、今、この活動をしなくてはい
けない状況を作ったのは、レビューをしている側の皆さんが作った環境であ
り、資産が不十分なために起きたことではないのか？　今後、企業がより長く
存続していくために、もっと何をしなくてはいけないというビジョンを、あな
たはお持ちなのかと逆に質問したくなる。そう、もっと若手・中堅設計者が効
率良く、そして付加価値の高い設計ができるようになるために、もっと内容や
仕組みの点で新たな気づきを与えてくれたり、より前向きに頑張っていけるよ
うなコメントをしてくれないものかという、少々悲しくなる会話である。

　その報告会での別の一コマをご紹介する。

メンバー：「部署メンバーと技術レベルの一覧をまとめました」

参加者：「その◎が多いXXさんは、何年目の社員か？」

メンバー：「YY年目です」
　参加者：「全体的に△が多いが、今後どうしていくのか？」
メンバー：「OJTなどを通じて教育を実施していく予定です」
　参加者：「それ以外にも何か実施しなくてはいけないのではないか？」

　このあたりになると、この会話が良いものではないことは明確だろう。そもそも、その製品や設計を支えているような人のことを知らないようでは、経営層としては問題がある。人が財産という企業の成り立ちからしても、重要な事項である。また、教育は人事がやること、現場で考えることといった考えは、すでに危険な状態に来ている。最近の若者（筆者もまだ若いつもりだが）は、自ら考え行動することを怠りがちな傾向が出ているようだ。ただし、何かしらの場を設定すると、しっかりと学び変わっていくことも感じる。そういった人財の成長の仕掛けが、ますます企業の重要事項になってきている。

　次世代の人財を育てるためにも、このあたりの仕掛けに関して我々はもっと知恵を出さなくてはいけない。

　確率は低くなったとしても、必ず企業には優秀な人財が育っている。この企業でも、技術部門にいながら、工場の視点や営業的な視点も加味した開発・設計センスを持つ人が存在しており、その方のコメントは非常に重要な指摘を与えている場合が多い。そのようなあらゆる視点を持ち、設計するスキルを持ったA氏との会話の一コマをご紹介する。

　　我々：「Aさんはどうして、今、このようなスキルを持てたと思いますか？」
　　A氏：「設計に配属された後、たまたまトラブル対応などで工場に配属され、その後、営業拠点へ配属され、また設計に戻ってきたことで視野が広がったのだと思う」
　　我々：「意図的に、配属されたのではないのですか？」
　　A氏：「いや、たまたまだと思う」
　　我々：「本当ですか？　他社では意図的に配置転換もしているので、今度経営層に確認してみましょう。ぜひ、Aさんの『自分はこうしてつくられた』という自伝を残しておいてもらった方がよいですね（笑）」

　冗談のようにこんな話をしていたのですが、その後、経営層に確認をすると、なんとこの配置転換は偶然だったそうである。そう、A氏は偶然の産物だった。たまたま、こういったA氏のような人財が育った企業はよいが、今

134

後の企業の継続のためには、たまたまでは切り抜けないと考えている。物理的にそういった人財を育てる仕掛けが重要になってきているのである。

次節では、人財が育つ仕掛けについて紹介していく。

設計・開発にサイエンスを取り入れる

エンジニアの領域は人財育成が難しい。もともとエンジニアは自分の知識をオープンにしない傾向が強く、その知識やスキルをOJTで教えてくれと頼んでも、肝心な部分は教えなかったりすることが多い。また、最近は少数派だが、「俺の背中を見て覚えろ」という職人気質の人が多い部門でもある。

そのような部門のメンバーを教育する方法として、教育の中身ややり方を工夫するといった取り組みもあるが、ここではトップの意思を現場に伝えるための仕組みを構築した事例を紹介する。

経営トップは、今までプロダクトアウトで成り立つ市場に対して製品開発を進めてきたが、今後の市場の変化を捉え、適切な時機に付加価値の高い製品を投入する必要性を感じていた。そのためには、感度の良いセンサーを持ち、開発すべき方向を見極めるセンスがあり、それを具現化する力、開発時の各部門を1つの方向に向かわせる力を保持した人財、このようなビジネスリーダーを育成することが重要と考えた。今までの人財育成のペースではなく、より短期にビジネスリーダー育成をしないと、そのようなマーケットイン（ユーザーイン）の開発スタイルに変えることはできないと考えたのである。

まずは、現実を理解する必要がある。そこで、現状のスキル調査を指示した。しかし、それを受けたメンバーは細かい技術要素のスキルの調査をし始めていることがわかり、急きょ調査をストップした。現状を調査するためにも、どのようなスキルを保持している必要があるかを、わかっていない現実があったためである。プロジェクトでは、スキルの定義からスタートした。今後の目指すべき人財にはどのようなスキルが必要かを、主だった部門の経営層を集めて討議し、必要なスキルを1つひとつ定義していったのである。

そこで重視したことは、大きなレベルの考え方と、職種に応じたそのレベルの定義のマッピングを意識して検討をしてもらうことにあった。あくまでも目的はどのような人財になってほしいかを出すもので、現状の細かいスキルを可視化するのが目的ではないことを、常に意識してもらう必要があったからである。技術者は、技術的なスキルを細かく明確にすることは得意だが、部門や社

内で認知されるためのスキル、市場で認知されるためのスキルなどを整理する話になると、何を挙げればよいかわからないことが多い。

　我々のアドバイスや他社事例の紹介などから、ようやく調査するスキルの定義ができた。その後は、スキル調査である。まずは自己申告でそれぞれの定義したスキルに対し、自分はどのレベルまでのスキルを保持しているかを申告させた（**図4-8**）。自己申告の過程でも様々なことが起きるが、ここでは詳細は省略する。自己申告の後、経営層側でその甘辛チェックをして、部門レベルでの統一をしてもらう。次に、部門を超えての甘辛がないかを再度チェックし、現状スキル調査のデータ精度を高めていった。

　その結果、ようやく現状のスキルマップ、人財マップが完成した。この作業と並行して、経営トップが考える目指すべき人財マップを考えてもらった。どのような職種に、どのようなレベルのメンバーが、どれくらいの割合で必要と考えているかを数値化する。これにより、経営トップが考えているビジネスリーダーの数と、現状のGAPが明確になり、現実を知ることができる。

　もう1つ実施したことがある。いわゆる「優秀」と言われている先輩社員の職種の変遷などを調査するのである。職種ごとに数人を選び、その人がどのような職種転換で育ってきたかを調べる。そうすると、いくつかの優秀な人財を

		営業／ビジネス系					技術系							業務系			管理系
		営業	マーケティング	ビジネス企画	製品企画	プロダクトマネジャー	プロジェクトリーダー	上級エンジニア	エンジニア	技術スペシャリスト	品証エンジニア	標準化エンジニア	技術管理	社内コンサルタント	業務スペシャリスト	コーディネーター	コントローラ
ハイレベル	レベル7	○		○		○			○				○		○	○	
	レベル6	○	○	○	○	○		○		○	○	○	○	○	○	○	○
ミドルレベル	レベル5	○	○	○	○	○	○	○	○	○	○	○	○	○	○	○	○
	レベル4	○					○	○	○	○	○	○	○	○	○	○	○
エントリレベル	レベル3	○							○		○				○	○	○
	レベル2	○							○						○	○	○
	レベル1	○							○							○	○

※○には実際の人数が入る

図4-8　スキル定義とスキル調査結果

育てる大まかなモデルが見えてくる。こういった職種の変遷をたどるルートを定義することから、キャリアパスと名づけた。モデルとなるキャリアパスを共有することで、評価する側や評価される側にもイメージが伝わるため、これは良いことだと考えている。

これで、人財マップの現状および人財マップの目指す姿、キャリアパスのモデルが出そろった。これらから、このGAPを埋めるためのローテーション計画、教育計画、採用計画などを明確にしていく。これらの一連の流れを評価のタイミングと合わせて実施することで、その期の評価だけでなく人財を育成するといった視点での中長期の目標管理などを共有することができた。

この一連の活動をしている際の一コマを紹介する。

我々：「開発プロセス改革、キャリアパス活動をどう思われますか？」

Ｂ氏：「今まで暗黙知で実施してきたことが、明確になったことはよいと思います。ただ、これを継続していけるか不安も感じます」

我々：「その不安はどのようなことですか？」

Ｂ氏：「皆、エンジニアなので、このようなことにどれほどの意味を感じるかについて不安を感じます。こんなことしても、自分のためにならないのではないか、と」

我々：「今のベテランの人にとっては自分のためというより、今後の企業存続のため、中堅・若手にとっては新たな自分発掘のため、と考えて行動してくれるとよいのですが」

Ｂ氏：「そうですね。こういった活動は今までいろいろ実施してきましたが、すぐ終わってしまいました。今回このような形でまとまったことは、継続の可能性を感じます」

我々：「ぜひ、継続してほしいと思いますし、我々も継続し、定着するまで見届け、でき得るすべてのアドバイスを続けていきたいと思います」

Ｂ氏：「この活動を一言で言うと、設計・開発領域にサイエンスを取り入れるという考え方なのだと感じました」

我々：「それは面白い表現ですね。エンジニアの人には、そういった言い方で伝えると、ハードルが下がるかもしれないですね」

Ｂ氏：「トップダウンで強制力を使うのもよいですが、現場が実施したいと思う活動になることを考えなければいけないですね」

我々：「まさにそうです。ぜひ、今後も単純に提供された活動ではなく、自ら実施したくなる活動になるような工夫を提案したいと思います」

次節では、活動の定着化に向けて実施したことを紹介する。

すべては顧客のために

　開発プロセス改革、ビジネスリーダー育成の活動を継続するためには、様々な工夫が必要である。開発プロセス改革では、実際の開発プロジェクトの中で実施するため、ただでさえ時間がない中で一見無駄（？）な作業が発生すると考えられると、短期的には効率が落ちると思い込み、継続するモチベーションが下がる。開発を実施するメンバーの意識が落ちれば当然、この活動は止まり元の開発方式で実施することとなる。

　そこで、そうならないための工夫をいくつか実施するようにお願いしている。まずは、いわゆる啓蒙活動。この活動の真の目的を定期的に部門で共有してもらい、その重要性を再認識する場を用意してもらう。次に、作業効率を上げるための工夫。実際の設計で今までに活用していた文書やツール、チェックリストなどには、検討すべきエレメントが多く記載されていることがよくある。

　ただ、整理されていないのが難点である。そこから、いろいろな方法を駆使して、エレメントを抽出する、もしくは、その文書へエレメントを追記することを助けるようなツールなどを提供している。それにより、今までの方法と変わらずに同じ成果を得られることを理解してもらう。

　そしてもう1つ大事なことは、定期的にレビューしてもらう場を設定すること。そこではレビュー側にも、従来のように見当違いで些末なコメントでなく、目的に照らして参考になる、そしてメンバーがよりモチベーションを上げるためのコメントをするようにお願いしている。結局は気持ち・意識の部分が大きいので、そのあたりのケアをすることに注力している。

　レビュー時のいくつかのコメントをご紹介する。

Ｃ氏：「技術伝承もあるが、設計手順の標準がないのも問題。そういった可視化をする手法として評価できる。どの製品開発でも効果が出るはずなので、ぜひ信じてやってほしい。今後の進め方は責任者を取り決めるとあったが、現在の開発プロジェクト、今後のプロジェクトに、すぐにでも適用してほしい。実際の開発では次々に止血が必要な内容が報告されている。プロジェクトごとに適用の仕方は検討すべきだが、すべてのプロジェクトに本手法をすぐにでも適用してほしい」

第4章 変革への道2：製品開発の壁を壊せ

D氏：「昔は余裕があった。一通り開発が終わった後に、なぜそうなのかを手書きで書いた技術文書を残せた。以前は、やった人のノウハウが文書で残っているが、その文書が共有されていないのが問題だった。しかし、今は少し変わり、文書化そのものがされていない。暗黙知を形式知化することの重要性を伝える野中先生の有名な講演があったが、そこでも〝現在の問題は文書化できないこと〟と言っていた。それは現在、開発スピードが上がってその余裕がなくなっていることにも一因があると思われる。今回のように、客観的なこういう手法を使う時間を経営層が与えればできる。それを評価する文化を作らないといけない。そして開発の最初は大変だったが、3カ月でできたというように変え、クリエイティブな開発をしないといけない」

E氏：「3カ月で定量的な効果を出すのは不可能である。その前に、信じて続けることが重要となる。例えば、全体感の中で要求を俯瞰して可視化することは、頭の中では絶対にやっている必要なこと。そのような開発として本質的に必要なプロセスを、合理的な仕組みで行えるのは有効であり、みんなが同じ言語で話せるようになるため、やる価値はある。ぜひ、定着するまで持っていっていただきたい。ただし、定着には年数がかかる。宗教的であったり強制的であったり、いずれにしても経営層の覚悟が必要。そうすると自社流ができる。できれば、そこを模索したい。それにより、実を共有するための方法が見えてくる。ぜひ、そこまで行くように関係者にはお願いする」

F氏：「今まで、こういった活動を実施してきたが、散発的で経営層が自分のものだと思っていない。良いことをやっているのに、このままではすたれる気がした。この活動はマネジメントイシューだと思っている。開発効率が上がらない問題や、次世代の人財が育たないという人財分布のゆがみの問題があるので、このままではいつか製品開発ができなくなる。したがって、技術伝承は必要。そういった課題を経営層が自分のものだと思っていないところもある。経営層がやるしかない。実施する意思が重要。本日の手法はその手段の1つであり、他に良い方法があれば、それを使えばよい。経営層が他の手法を見つけようとしているようには見えない。少なくとも私はこの手法しか知り得ていない。だからこれを紹介している。経営層が意識を変えて、自分の問題としてどう使っていくか考えてほしい」

いずれもトップ経営層のコメントである。それぞれ表現は異なるが、自分が責任を取るから実施してみようという気持ちが伝わってくる。なかなか難しい判断であるかもしれないが、経営層として冷静に判断し、コメントをしていただけると助かる。

　ビジネスリーダー育成の活動を継続するための工夫を紹介する。まずは、こちらも、いわゆる啓蒙活動の重要性に触れる。次世代育成の活動は、評価の仕組みと合わせて実施してもらうことが多いため、評価をする側、される側の双方に、この活動の真の目的を定期的に説明してもらっている。

　次に、経営層からの声掛け。これは、実際に選抜された、もしくは、評価の中で次世代候補として育成対象となったメンバーを認識してもらい、通常の業務や何かのタイミングでメンバーと会った際に、意識的に声掛けをしてもらうのである。メンバーも通常の業務でいきなり声を掛けられてびっくりするかもしれないが、評価者と話している内容をきちんと経営層が認識していて、それを知った上で声を掛けてくれるだけで、メンバーのモチベーションも上がり、良い緊張感を持って仕事ができる。

　こちらもある場面でのコメントを紹介する。

Ｇ氏：「開発プロセス改革や人財育成の活動は、自社内部の効率化や育成のように考えがちである。しかし、これらの活動の根本は顧客にいかに付加価値の高いサービスを提供できるかにある。市場のニーズが次々に変化していく中で、企業として提供する価値も変化してきている。その変化に対応するために、開発プロセスを改革し、人財の改革が必要なのである。それぞれの活動が会社のためということではなく、すべては顧客のために実施していると信じで継続してほしい」

　次に、プロジェクトとして討議した効果に関して紹介する。

第3節

変革の道への第3歩
（成果）

　前節で紹介しているように、開発プロセス改革、ビジネスリーダー育成の活動はすぐに何か目に見える成果が出にくい活動であることを、最初に理解していただく必要がある。すでに紹介しているように、真の目的が何かを常に意識しながら、メンバーも経営層も考え行動する必要がある。

　そうはいっても、効果を何も示さずにこれらの活動が実施されるのもよくないため、ここではプロジェクトの中で討議した活動の指標を紹介したい。

　よく我々は効果指標を先行指標と結果指標という言い方で表現する。コスト削減、利益率向上のように財務的な数値として現れる指標を結果指標、結果指標が現れる前に、活動を通じて実際のドキュメントの活用回数、標準化された図面の数などの傾向として現れる指標を先行指標と呼ぶ。また、これは一般的にも言われているが、定量化できる指標と、定性的な指標に分けて指標を整理してもらっている（**図4-9**）。これにより、活動が正しい方向に向かっているかなどを確認できる。ただし、あくまでも短期的なもので、最終的には数年かけて結果を求めるような気持ちで、見守るようにしてほしいことに変わりはないことを改めて述べる。

【結果指標の例】
　　✓ 製品別利益率の××％向上
　　✓ 開発コスト比率の××％改善
　　✓ 年間あたりの人財養成数××名
　　✓ 作図、CAE工数の××％削減
　　✓ プロジェクトリーダー数××名増加

【先行指標の例】
　　✓ ガイドラインの引用数／利用数
　　✓ 規定・規格取得資料の引用数
　　✓ 部品表作成の自動化数

141

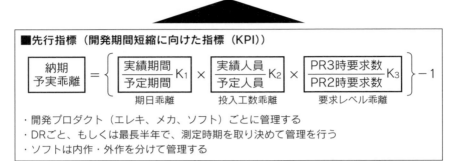

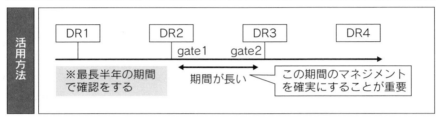

図4-9　開発プロセス改革の効果の例

✓ 期日／投入工数／要求レベル乖離率

【定性的な効果の例】
　✓ バリエーション拡大に寄与できる
　✓ 設計前の段階で全体が把握でき、検討の漏れがわかる
　✓ 技術文書の体系、検索性の向上、および再利用性向上
　✓ 根拠を含めた技術の理解ができ、設計の後戻りが減少
　✓ 新規開発技術項目がわかり、整備すべき技術が明確化
　✓ エレキとソフトの連携において、相互で頭の中にあった連携エレメントに、齟齬や抜け漏れがあることの解消
　✓ 人財戦略の明確化

いずれも代表的な例であるが、定量的なものは数値としてこれらの傾向を見

ると、各社のレベルがわかることが多い、また、定性的なものは実際に実施しているメンバーが感じてもらえることで、活動の推進力へとつながることが多い。数年間かかる地道な活動でもあるので、このような指標を活用しながら定着化に向けて進めてほしい。

開発関連の活動や人財育成に関する活動は、今までにも各社各様の活動を実施していると思う。よく言われることは、3次元CADやCAEなどの普及活動を通じて、開発効率化や人財育成の一応の効果は出ている。しかし、標準化や構造化、モジュール化といった、設計の原理・原則のような部分にあまり踏み込めていないため、それぞれの技術資産が有効に活用できるレベルになっていないという話をよく聞く。

そこで、我々が最初にお邪魔した際に、よく用いる1枚のスライド（第1章の図1-3）を通じて技術資産を有効活用する。我々はそれを再利用という表現を使うが、その再利用をすることの重要性を、お客様と認識し合うことを行っている。

そこでは、以下のようなポイントを挙げている。

【再利用の重要なポイント】
　①ベテランを投入して、差別化できる付加価値の創造
　②若手を積極的に投入して、自社技術を学び、製品を学び、育成
　③自社の技術情報をツール化や手法として活用できる仕組みを構築
　④自社の既存技術を再利用できる形に形式知化して蓄積

このように、設計開発において、革新的なアイデアが占める割合は全体で見ると少なく、既存技術の再利用がポイントとなることがわかる。このためにも今回紹介した、iDFCを活用して技術資産を再利用可能な形式にすることが、1つのヒントになればと思う。そして、そうした活動が企業にとっての新たな付加価値を産む製品開発につながり、ひいては、それが日本製造業全体の価値につながることを願っている。

最後に、再利用をより加速させるために、我々が継続して取り組んでいる内容を紹介する。

第4節
変革の道の続き（今後に向けて）

　ここでは、仕組みの面と考え方の両面で整理をしてみたい。

　まずは、仕組みやツールの面で継続している取り組みを紹介する。iDFCは、エレメントを設計者が自ら記載することで抽出するための手法である。そしてその抽出がなされた上で、DSMを活用した構造化や影響度分析を行っている。この最初の抽出が結構工数が取られてしまうという難点がある。今までに作成している技術資産の中から、うまくエレメントを抽出できるものが存在すればよいが、前節で挙げたように既存資産はいずれもエレメントを抽出できるレベルでは可視化や情報の構造化がされていないことがほとんどである。

　しかし、それでもそこにある情報からエレメントを抽出したい、という顧客は非常に多い。まずはそれをiDFCで見てから、活用不具合の加減を見ないと納得しないということもある。そこで、我々は、既存の文書からエレメントを抽出するツールを提供することがある。簡単に言うと、形態素解析などを活用した文書からの文言抽出を効率的に行うようなツールである。

　ある程度、構造化された文書であれば、最初のエレメントを抽出するのに役立つこともわかっている。ただし、ここで抽出されたエレメントだけでは構造化まではたどり着かないため、結果的にはエレメントを再整理していただくことをお願いしているのが現実である。AI（人工知能）研究が進めば、もっと効率的にこれらのエレメント抽出自体を効率化することができる可能性を感じつつ、現状はこのような工夫をしている。

　また、次に、iDFCのフローであるが、一般的にソフトの領域では、すでにこのような関係性を示す図を持っていることがある。我々は、例えばタッチパネル操作を行ったときに、どのような遷移をたどるかなどを整理した、要求遷移図などがそうである。また、機能の関係性を示した機能相関図などもそうである。これらに共通していることは、エレメント以外にも補足説明のような項目が多く、同時に記載されていることである。さらに、いくつかの階層を効率良く表現できている点も挙げられる。

　現在のiDFCでは、このようなエレメント以外の項目をフローと同等レベル

144

で記載することや、複数の階層を表現することができない。また、既存のフローが存在した場合に、そのフロー記載ソフト固有の設定などがあり、個別に連携などを考えているレベルである。我々は、iDFCがエレメントを表現するすべてのものであるとは思っていない。様々な入力支援ツールがあってしかるべきと考えている。したがって、顧客がそれぞれに使い慣れたツールがあれば、そこからエレメントを抽出する手段をより進化させなくてはいけないと考えている。

さらに、ビューや検索性の問題である。実際に再利用の場面を考えると、細かい設計のシーンだけにとどまらず、設計全体を俯瞰したいシーン、経営層として注意すべきエレメントを中心に見たいシーン、遅れている設計があった場合にその遅れを中心に見たいシーンなどなど、いろいろなシーンがある。せっかくまとめた技術資産をより活用していただくためにも、こういったシーンに対応するべく、シーンに合わせた検索機能の拡張と検索結果の表示などのビューの工夫が必要と考えている。このあたりは、随時バージョンアップしているが、もっとスピーディーに顧客要求に応えていく必要があると考えている。

仕組みやツールの改善点を挙げるときりがないが、それでもまずはiDFCを活用いただくことで、必ず技術資産の有効活用に効果を発揮すると自負している。ぜひ活用いただきたい。

次に、考え方の面で継続している取り組みを紹介する。開発プロセス改革やビジネスリーダー育成は、それぞれがバラバラの活動ではないということである。当然わかっていることかもしれないが、開発プロセス改革は技術部門が実施し、ビジネスリーダー育成は人事部門が実施するというのが通常である。そういった部門の壁に阻まれて、それぞれの活動自体が目的化し、本来の目的を見失う可能性が高いというのがこれらの活動でもある。

そもそもは、中期経営計画などからくる経営的な側面から、それを支える投資戦略や製品戦略があり、それを実現するための開発活動、そしてそれを実施する人のための人財活動といった関係性が常に意識された中で運営されないといけない。それが、採用にしても、アウトソース活用のような活動にしても、リソースアサイン、開発工数分析にしても、すべてにおいて有機的に連携することこそが重要である（図4-10）。

これらが有機的に連携することを、常にレビューする人財を明確にして、スーパーバイズしておくことが大切である。常に、何か道から外れそうなとき

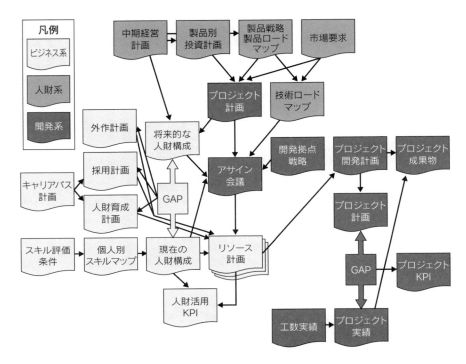

図4-10　ビジネス・開発・人財の有機的連携

には、経営層を含めてその道を正しい道に戻す必要がある。

　トップダウンでだけで活動を頭ごなしに実施するのではなく、また、ボトムアップで現場の問題ばかりを嘆いているのでもなく、ボトムアップとトップダウンをうまく活用して活動に携わっている全員が、すべては顧客のために自ら考えて行動できるような環境を提供することこそが重要で、そのことをきちんと伝えることも我々の使命だとも感じている。

　本章で紹介した活動は、効果が非常に見えにくい、活動期間も非常に長い道のりである。その途中には経営環境も変わるだろうし、いろいろなコトが起きるであろう、それでも、今まで企業を支えてきた先輩方、そして今後の次世代のためにも、現在の全社員のノウハウを結集して新しい価値づくりにつながることを切に願っている。本章に記載した「製品開発の壁を壊せ」の活動事例の内容が、日本製造業にも何らかの形で元気を与え、何かしらの創造的破壊（Disruption）を起こす一助となればと願いながら本章を締めくくる。

第 **5** 章

変革への道3:
ソリューションという名の
新しい価値を創れ

~コアの強みを市場につなげてさらなる価値を創出する

「変革への道」の第3弾は、前章で明確になったコア技術を活用して、新たな価値を創出するために行った活動の事例を紹介する。昨今、日本製造業がソリューションをうたい文句に苦悩している姿が見受けられる。そういった企業に対して何かしらのヒントになればと思い、活動の一端を紹介したい。ただし、この事例は最も機密性の高い領域でもある。また我々としても、まだ未経験な領域だとも考えている。そこで、我々が共同研究をさせていただいている東大ものづくり経営研究センター（MMRC）の朴先生、青山学院大学ヒューマン・イノベーションセンターの阿部先生にも一部執筆協力をいただき、その内容も合わせて紹介することで明日の活動の参考になればと思っている。

第1節

変革の道への第1歩
（前提と背景）

やめられるわけがないでしょ？

　すでにいろいろなところで言われているが、急速に進展するIoT・ICTそしてAI（人工知能）活用によるグローバル産業構造変革などの事業環境変化に対して、ハーバード・ビジネス・スクールのクレイトン・クリステンセン教授が自身の著書「イノベーションのジレンマ」、「イノベーションへの解」、「イノベーションの最終解」などで言及していることを参考に、何かしらの創造的破壊（Disruption）を起こすことで企業にパラダイムシフトをもたらすことが、本書の目的の1つでもある（図5-1）。

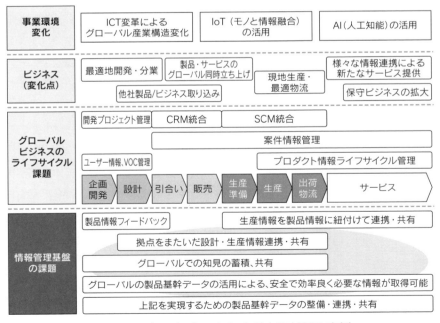

図5-1　イノベーションに向けた取り組み事例

第5章 変革への道3：ソリューションという名の新しい価値を創れ

本章では特に、その新たなパラダイムシフトに果敢にチャレンジしている事例をビジネス、および情報管理基盤の両方の側面から紹介する。

本事例でも、事業環境の変化がビジネスに与える影響を整理し、それをもとにグローバルのビジネスライフサイクルの課題を検討することから活動が開始された。併せて、他社が実施している活動や、世の中で研究されている内容などを分析し、プロジェクトとしての仮説を立て、まずはそれを経営層に上申することから始めた。この手の活動は急速な環境変化に対する重要な意思決定になるため、通常の活動よりも頻繁に方向性の確認などを行うことが重要と考えている。また、多くの組織を巻き込む必要があるため、各部門への啓蒙も並行して実施しなければならない。

プロジェクトでは、ビジネスと情報基盤の両側面に重点を置き、特に対策が急がれる内容を整理し、経営層に報告した。

そこでわかったことは、すでにそのようなことを目指している活動が多数あること、それもそれぞれがあまり整理されずに実施していることがわかった。「まずはやってみよう」ということで1つひとつにGOサインを出していたら、全体を俯瞰してみると様々な重複する活動があったのである。

我々の仮説と似たような活動もすでに含まれているものの、異なる部分もあるため、まずはそれらの活動メンバーの考えと我々の考えをぶつけ合い、討議する中で活動の整理することにした。

ここで重要なことは、すでに動いている活動を止めないことである。それぞれの活動にはそれぞれの課題解決に取り組んでいるという背景もあり、それはそれで重要な取り組みでもある。そこはそれで尊重し、ただし、中期的には別途対応が必要なことも認識してもらい、融合を意識して活動をしてもらうことを常に話していた。

また、ビジネスにおいても、いきなりすべてを新規ビジネスに切り替えるわけには当然いかない。既存ビジネスを維持しながら商品ラインナップを増やすこと、新たな市場に向けてグローバル展開をしていくことは、既存ビジネスにとっても重要である。既存ビジネスは極力止めないことを前提に、ただし今後、実施する新規ビジネスの重要性と、それを実施するためにリソースが必要なことについて理解を求めていった。

このあたりの整理のための討議を一通り関係者と実施し、結果を経営層と共有した。経営層からは様々な意見が出たが、大筋としての方向性は合っていることも確認できた。このあたりは、いわゆるボトムアップ的な視点でのすり合

149

わせということができる。現場との会話でできることは、こういったメンバーレベルのすり合わせになり、なかなか大きな方向転換の舵を切ることは難しい。ただし、討議の中で中長期的な方向性の討議をしているので、メンバーレベルでも変化に対して何かしなくてはいけないという考えも醸成されてきていることがわかった。

　現状の改善活動と中長期的な改革活動の間、いわゆる変化点で難しいのは、思い切った割り切りのようなことが必要な点である。活動によっては途上の状態であってもやめてもらうことも必要になるし、場合によってはそもそもその製品から撤退をするといった判断が必要になる。このあたりの決断をしないと新たなモノ・コトが産まれないことは、イノベーションの世界では多く言われていることである。そこで経営層から、トップダウンで今後の方向性を具体的に話してもらう必要があるのである。

　そんな話を全社員に向けて話してもらった後の一コマを紹介する。

　　　　我々：「先日、トップから今後の活動ごとの投資割合の発表がありましたね。実際に半分以下のリソースで活動を実施していくことになりますね」

　　メンバー：「そうですね…」

　　　　我々：「実際に活動を実施していく方法などは考えることができそうですか？」

　　メンバー：「正直、半分以下というのは厳しいです。活動をやめろと言っているのと、あまり変わらないと思います」

　　　　我々：「そうですか。しかし、トップは、やめるものとそうでないものも明確に指示されました。やめる活動には入らなかったので、それなりには覚悟をもって継続してくれということではないのですか？」

　　メンバー：「それはわかりますが、リソースを半分以下で実施しろと言われても、厳しいのが現実なんですよ」

　　　　我々：「そうですか。それでは、半分以下ではできないと上申して活動を続けるのか、やめるのかをトップ交えて討議しましょうか？」

　　メンバー：「いいですが、我々の製品は一度市場に出すと、そう簡単にはやめられません。だから、やめられるわけがないんですよ」

　　　　我々：「そうですかね。それを上回る製品を、新たに開発するなど考え

られませんか？」

メンバー：「それは、無理でしょうね」

　この手の会話は、イノベーションを起こそうと覚悟を決めている会社でもよく聞く。その開発や活動だけを入社して数十年も実施してくれば、当該製品への思いも強く、自負があるのは当然である。ただ、イノベーションの世界ではそれを十分踏まえた上で、何か新たなモノ・コトを産む必要がある。

絵に描いた餅

　イノベーション活動で重要なのは、継続して活動する方法の工夫、新規の活動のイメージ、やめる活動のクロージングの方法などをそれぞれ明確にしていくことである。新規の話だけに行きがちだが、まずは既存ビジネスの話を整理せずに、新規の話をするのはなかなか難しい。そこで、それぞれの大きなテーマ（我々はシーンと呼ぶこともある）ごとに、そのイメージ（シナリオと呼ぶときもある）を作成することから始める。そこで、よく用いるのがロジックツリーとポンチ絵である。（ロジックツリーの事例は第3章で紹介した）ポンチ絵は、そのテーマとイメージのポイントなどを伝えるために記載した文言と絵のことを言う。

　それぞれのテーマごとに、討議をしながらロジックツリーと並行してポンチ絵を活用し、討議が進むようにするのである。ポンチ絵を使った討議で重要なことは、ビジネスの変化点と業務の変化点を切り分けて討議すること、業務の変化点と情報基盤の変化点を切り分けて討議することである。ビジネスと業務と基盤はそれぞれが表裏一体のものであるため、それぞれを切り離すことは難しいが、ポイントを明確にするためにもそれぞれを分けて討議することは重要である。ここでは、業務のポイントの一例をご紹介する。

【ビジネス変化に対応するための業務上のポイント例】
　1）グローバル商品開発のポイント
　　　✓ グローバルでの商品企画サイクルの確立
　　　✓ タイムリーな商品投入に向けた開発体制／プロセスの整備
　　　✓ 商品開発におけるグローバル品質の作り込み
　　　✓ 目標原価を達成するグローバル原価の作り込み

2）グローバル商品販売のポイント
　✓ グローバル市場のマーケット分析プロセス確立
　✓ 最終顧客への直販チャネルの確立
　✓ 未開拓顧客にアプローチする間接販売チャネルの拡大
　✓ 販売のための製品・技術情報の提供
　✓ ソリューション提案力強化
　✓ 引き合い・提案プロセスの最適化
　✓ 営業とエンジニアリングの連携強化
3）グローバル商品供給のポイント
　✓ エンジニアリングから保全までの全体マネジメント力強化
　✓ グローバルでのデザインチェーン、サプライチェーンの最適化
　✓ 最適なサービス提供体制の確立
4）オープンイノベーションに向けたポイント
　✓ 他企業とのアライアンス強化、他企業製品の自社ビジネス取り込み
　✓ 各ビジネスユニット間のビジネスシナジー強化

　ほんの一例であるが、このようなポンチ絵を活用して討議することで、業務上のポイントを明確にしていくのである（**図5-2**）。

　これを踏まえて、再度ビジネスの視点のポンチ絵を再考し、トップダウン＆ボトムアップの観点から、正しい方向に向かっているかの確認をする。そうしてでき上がったビジネスの視点の一例も紹介する（**図5-3**）。

　我々はポンチ絵を携えて、各関係部署のメンバーを確認の意味合いを込めて行脚する。そこでの一コマを披露する。

　　我々：「本日説明した、あるべき姿、目指すべき姿はどう思われますか？」
　参加者：「そんなものは、絵に描いた餅だろう。できるわけがないと思う」
　　我々：「そうですか。しかし、今までは、そんな絵を誰も書いてこなかっ
　　　　　たのではないのですか？　この絵ができただけでも評価できると思
　　　　　いますが」
　参加者：「……」

第5章 変革への道3：ソリューションという名の新しい価値を創れ

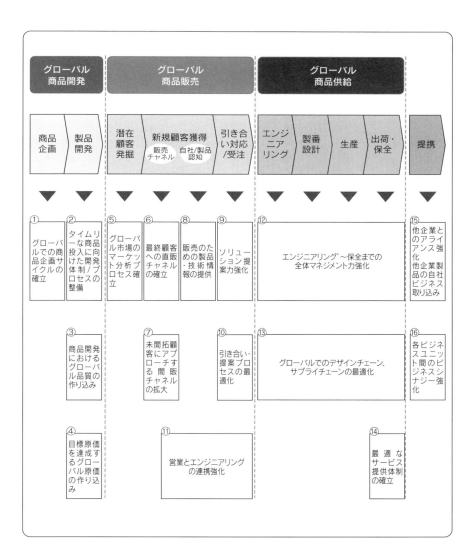

図5-2　ビジネス変化に対応するための業務上のポイント例

As-Is	To-Be
・市場の小さい日本のビジネス・商品をそのままグローバル展開しようとする 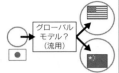	・日本をグローバルにおけるマージナル（周辺）と認識し、グローバルモデルを再構築し展開する 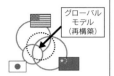
・技術優位性だけでコアコンピタンスを決めるが、市場に合わず都度開発が必要となる 	・技術優位性と顧客価値の両面で本当に競争力の高いコアコンピタンスを決める 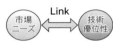
・新規性の少ない開発にリソースが取られ、付加価値の高い開発への投資が不足する 	・付加価値の低い開発をアウトソースや共通化などし負荷を下げ、高付加価値開発の投資へ集中する 

図5-3　討議用のポンチ絵の例

　何かのテーマでポンチ絵を書くと、よく交わされる会話である。しかし、言葉で話しているときには、それなりに合意をしているのが通常である。そう、大筋では合意しているのに、少し具体的になるとイメージがつかめ、意見、それも否定的な意見をぶつけてくるのである。

　イノベーションは、イノベーションを起こすというのが大前提である。抵抗勢力の言葉にいちいち耳を傾けていると、一向に先へ進まない。ただし、イノベーションというものは定義も曖昧であり、方向性が見えにくく、チャレンジするにもリスクが高い。そういった中でも、前向きに討議ができる会社とそうでない会社では結果が違ってくる。我々は、そんな良い討議ができる会社を少しでも増やしていけるようにしたいと考えている。

第2節

変革の道への第2歩
（実施ステップとポイント）

敵はすぐそこまでやってきている（技術優位性はなくなった）

　日本製造業をイノベーション型の組織にするために必要なことで重要と考えていることは、やはり自社が強みとする技術ではないだろうか。東京大学の藤本先生も言われているように、日本の強みとする技術を活かしたものづくりが、今後の日本製造業が生き残っていくためには重要である。では、その強みをどうやって活かすことを考えるのか？　それをテーマに研究されているのが今回、本書の一節の執筆をお願いしている朴先生、阿部先生が実施しているアーキテクチャ分析である。アーキテクチャ分析の内容や事例については、後ほど紹介する。

　我々もその手法を参考に、iDFCで分析したエレメント分析を通じて技術要素を明確にしていった。そこで自社にとっての付加価値とは何か、強みとなる技術要素は何か、を討議した。

　まず、付加価値に関しては、直近に出している製品や技術の新規性と付加価値割合でマッピングすることによる、事業シナリオの分析を実施する。そうすると、以下の4象限で表現ができる。

【事業シナリオ分析からわかるポイント例】
　①モノそのものでなく、サービス含めたトータルで価値が高い商品群
　トータルソリューションベンダーとしてビジネスを確立させながら、パートナーとの協業開発などで技術的なイノベーションへの対策も行う。
　②顧客への提供価値が下がっている商品群
　コスト競争などに陥らないように、新技術開発かサービスで差別化するか、事業撤退も視野に戦略を見直す。
　③モノとしての価値が高い商品群
　モノとしての技術的な優位性を活かして、その付帯するサービスを含めたトータルソリューションビジネスへの発展を試みるなどして、全体的な付加価

値を向上させる。

④モノ、サービス含めて価値を提供できている商品群

リーディング企業としての優位性を活かし、ロードマップによる業界方向性の主導と顧客との共同開発を促進することで、さらに競争力を上げる。

こういった事業シナリオ分析により、商品価値は、技術的（機能的）革新による価値を土台としつつ、サービスやブランドなどトータルでの付加価値を開発・提供することで、早期に市場を立ち上げることができる。また逆に、技術的優位にいてもトータル価値での市場立ち上げに遅れを取った場合は、市場を大きく奪われ事業存続が危機に陥ることもわかる。そう、つまり、これら2つの指標によるポートフォリオで事業戦略シナリオを考える必要があることが理解できる。

次に、強みとなる技術要素が何かを討議する。そこで重要視していることは、技術だけの視点ではなく、市場や産業の方向性からくるトップダウンの視点と、自社の要素技術研究や実際の商品に活用されている技術要素からくるボトムアップの視点を、合わせてソリューションに必要な技術を討議することである。そこにいわゆる3C分析としての自社分析、競合分析、業界分析を加味してロードマップを描く。

ここで、見えてくることがある。当然、自社が強みとしている技術が何か、については見えてくるのであるが、それよりも他社と比べてすでに技術優位性がなくなっていることがわかってくる。自社だけの強みのみを考え、製品開発を続けていた企業がいったん外に目を向けると、特に中国や他のアジアを中心に競合企業が多数存在していることに気づく。そう、敵がすぐそこまでやってきていることがわかるのである。

このロードマップ作成活動を実施すると、たいてい自社の優位性が危機的状態にあると露呈してしまうことの方が多いのである。従来このようなロードマップを作成している企業は、すでに施策を実施しており、競合の存在への対策といった次元ではなく、より違う次元の壁にぶつかっていることが多い。ところが、今までにまだロードマップ作成をしたことがない会社の場合、そのような次元の壁にようやく気づくといった結果が出ることが多い。これは、ぜひ一度実施してみていただきたい。

通常、組織が縦割りでサイロ化していると、それぞれの部門がそれぞれのミッションに基づき活動をしているのみで、全体感が見えなくなっていること

が多い。こういった縦割り組織が、競合他社の存在を気づかせない原因の1つと考えている。全体を俯瞰して技術を捉えることは、そもそも自社の置かれている状況を知るという非常に重要なことにもつながる。

この時点で、あるべき姿・目指すべき姿に対する現状が明確になったので、いよいよ何をするか考えることができる状況を迎えたのである。

イノベーションの扉はすでに開いている

本書でも何度か取り上げているが、イノベーションというと皆さんは何を連想するだろうか？　やはり、何か新しい事業や新しい取り組みについて思うだろうか？　グーグルやアップルなどの企業を想像するだろうか？

我々もそのようなものをイメージしているが、討議の際にはフォスターの技術進歩のS字カーブを取り上げることにしている（図5-4）。

すでにご存知の方も多いと思うが、S字カーブは、新しいテクノロジーの開発に費やされる労力（資金）と、得られる技術的成果の関係を表したもの。その発展は、アルファベットのSに似ているカーブで示すことができるとしている。新しいテクノロジーの開発は、最初は労力に比べて成果がなかなか上がらないが、労力の投入につれて劇的に成果が上がり始めることを表している。新

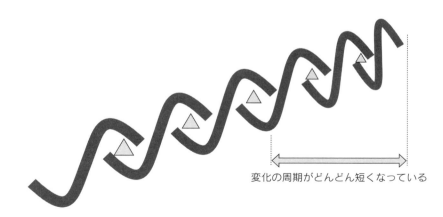

変化の周期がどんどん短くなっている

※新しいテクノロジーも最終的には成果のペースが落ち、他の新しいテクノロジーに取って代わられるため、新しいテクノロジー開発のタイミングを考える参考とする

図5-4　フォスターのS字カーブ

しいテクノロジーも最終的には成果のペースが落ち、他の新しいテクノロジーに取って代わられるため、新しいテクノロジー開発のタイミングを考える参考にするというものである。

このS字カーブで討議をするときに重要なことは、S字の非連続性には、大きな非連続と小さな非連続があること、また、製品特性・技術特性によってその連続性が異なる可能性が高いこと、を伝えることにしている。クリステンセン教授の書籍でも同様のことは言われている。

状況というのは常に変わるということが前提で、今後さらに変わるであろうことに対していかに対応するかが重要で、過去の成功の分析が重要なのではない。また、我々の部署名の由来にもなっている創発戦略によれば、不確実性が非常に高い状況にある企業は、市場が発するシグナルに適応する方法を開発することが重要で、柔軟性を維持し、「何がうまくいくのか、いかないのか」に関するフィードバックを市場から収集して、市場から現れてくる新しい情報に適応するために、臨機応変に戦略を変更していくのである。

それらのことを伝えることで、現状とあるべき姿のGAPを埋める施策が、あまりにも偏ったものだけでなく、現実の技術を活用するようなものに関しても言及されてくるのである。現実味のあるものだけでもなく、またあまりにもかけ離れているものでもない、そういったものを皆で討議をすることで絵に描いた餅でないものにしていくのである。

また、施策を実施する上で、重要な示唆を与えてくれる分析手法としてアーキテクチャ分析を活用している。これは、我々のiDFCで分析されたエレメントのDSMから、アーキテクチャ分析をする要求エレメントと設計エレメントなどを分析し、自社にとってのコア技術とノンコア技術をスコアリングすることから得られるものである（図5-5）。

自社にとっての技術は、どのような視点で、何が重要かをエンジニアの方々と討議することで、技術の優位性、非優位性を明らかにするのである。

通常、この中からコア技術となったものと、そうでないものとの組合せをすることで、新たなイノベーションを産むものの示唆が得られると言われている。それをイノベーション検討のヒントにもすることで、より施策を具体化していくのである。

こうやって分析をしていくと、最初は絵に描いた餅とまで言われた、ポンチ絵がより自分たちのものになってくる。さらに、分析と修正作業を繰り返すこ

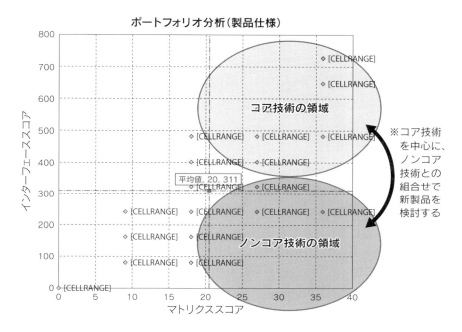

図5-5 アーキテクチャ分析のイメージ

とで、イノベーションに対して感じていた壁を1つずつ取り除いていくのである。そうやって、イノベーションの扉を開けていく。

再度、当初の参加者の方に登場いただこう。

> 我々：「先日は"絵に描いた餅"と言われた資料ですが、改めて見てどう思われますか？」
> 参加者：「以前は全く何を言っているのか、どこぞの本に書いているものをそのまま持ってきているのではないかと疑っていましたが、何となくイノベーションが何か、そして自分たちにとってはどのようなものか、理解できてきたような気がします」
> 我々：「それはよかったです。我々の以前の伝え方が良くなかったのですね、きっと」
> 参加者：「……（苦笑）」

イノベーションの扉はすでに開かれつつあると感じた。阿部先生のコラムを

挟んで実際の活動を紹介する。

「新しい製品やビジネスづくりについて」(後編)

青山学院大学ヒューマン・イノベーション研究センター 客員研究員
阿部 武志

　新しい製品やビジネスを生み出すために、アーキテクチャ分析を活用している電気機器メーカーA社の事例を紹介する。電気機器メーカーA社は、世界に誇れる技術力や生産力を駆使することで、従来型の製品(モノ)に依存した製品やビジネスづくりを行っている。しかし、今後の市場の変化やICT(例えば、IoTやIndustrie 4.0)などの技術進化に伴い、製品(モノ)に依存した従来型のビジネスではなく、製品とサービスを一体化した新しい製品やビジネスづくりを検討していた。

　図5-Aに新しい製品やビジネスを生む出すアーキテクチャ分析の流れを示す。

　製品とサービスを一体化した新しい製品やビジネスづくりを行うには、従来の顧客(ユーザー)や営業などの特定のVOCのみを取り入れた製品やビジネスづくりを行うのではなく、依存関係または協調関係にあるステークホルダー(例えば開発、営業、保守サービス、ユーザー)のVOCを取り入れた新しい製品やビジネスづくりを行うことが重要となる。

　新しい製品やビジネスを生み出すアーキテクチャ分析の流れとして、まず各ステークホルダー(例えば開発、営業、保守サービス、ユーザー)ごとにアーキテクチャ分析を行い、各ステークホルダーのニーズに合った製品やサービスに対する付加価値の高い要件や技術(機能・性能)を抽出する。ここで扱うサービスは、製品に対するサービス(例えばメンテナンス・サービス)と社会システムなどに対応した製品の顧客経験価値(ユーザーエクスペリエンス価値)を高める新しいサービス(例えばモビリティ・サービスなど)の両者を対象とする。

　その結果、製品やサービスの付加価値の質・レベル・実現性こそ異なるが、新しい製品やビジネスを生み出すネタとなる具体的な要件や技術力を

第5章 | 変革への道3:ソリューションという名の新しい価値を創れ

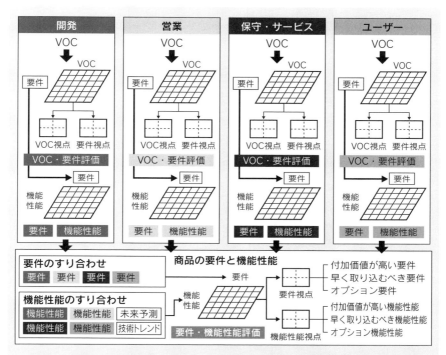

図5-A 新しい製品やビジネスを生む出すアーキテクチャ分析の流れ

抽出することができる。さらに、各ステークホルダー(例えば開発、営業、保守サービス、ユーザー)の製品やサービスへの想いが形式化(共有化)されることで、新しい製品やビジネスづくりに必要なコミュニケーションが活性化され、新しい製品やビジネスづくりのアイデア発想力が向上できる。

次に、各ステークホルダー(例えば開発、営業、保守サービス、ユーザー)で抽出した付加価値の高い要件や技術(機能・性能)に、未知の新規顧客のVOCとして未来予測や技術トレンドなどを追加し、アーキテクチャ分析を実施する。将来性を考慮した新しい製品やビジネスづくりを行う場合、未知の顧客VOCである未来予測や技術トレンドが不可欠である。

その結果、各ステークホルダー(例えば開発、営業、保守サービス、ユーザー)や未知の顧客の良いところを考慮した、新しい製品(サービス含む)やビジネスづくりを構成する要素となる付加価値の高い要件・技術

（機能・性能）が抽出できる。また、抽出された付加価値の高い要件・技術（機能・性能）を分析することで、将来を見越した商品ロードマップ、新しい製品（サービス含む）やビジネスを生み出すビジネスモデル（例えばバリューチェーンなど）のシミュレーション、およびスピーディに意思決定できるアーキテクチャ・ロジックが形成できる。

電気機器メーカーA社は、従来の製品（モノ）に依存しない新しい製品（サービス含む）やビジネスづくりにアーキテクチャ分析を活用し、新しい製品（サービス含む）やビジネスモデルづくりに着手している。

新しい製品やビジネスづくりをグローバル市場の視点で考察すると、TPPをはじめとした関税の撤廃により、今後はTPP市場へ向けた新しい製品やビジネスづくりが進められる。しかし、多くの日本企業は、新しい製品やビジネスづくりに求められるシミュレーション能力やスピーディに意思決定できるアーキテクチャ・ロジックの形成能力が不足している。

また、新しい製品やビジネスづくりをICT（例えばIoTやIndustrie 4.0）などの技術進化の視点で考察すると、製品（モノ）に依存した従来型のビジネスでは、今まで以上の付加価値が見込めないため、ICT（例えばIoTやIndustrie 4.0）を活用した製品の顧客経験価値（ユーザーエクスペリエンス価値）を高める新しい製品（サービス含む）やビジネスづくりが進められる。しかし、多くの日本企業は同様に、製品とサービスを一体化した新しい製品（サービス含む）やビジネスづくりに求められるシミュレーション能力やスピーディに意思決定できるアーキテクチャ・ロジックの形成能力が不足している。

そこで、多くの日本企業が不足している新しい製品やビジネスづくりに欠かせないシミュレーション能力やスピーディに意思決定できるアーキテクチャ・ロジックの形成能力をいち早く取得するためにも、日本企業の強みを活かすアーキテクチャ分析を活用いただければ幸いである。

〈引用・参考文献〉
朴英元、阿部武志、大隈慎吾 「コア・コンピタンスとアーキテクチャ戦略―商品戦略分析のためのフレームワーク」東京大学ものづくり経営研究センター　ディスカッションペーパー　2011年

第5章 変革への道3：ソリューションという名の新しい価値を創れ

大切なことはワクワク感

　ここで、情報基盤の側面を少し紹介しよう。IoT、ICT、AI（人工知能）のいずれも、情報基盤を抜きにして改革を実施することはできない。また、逆に有効な情報基盤があると、想像以上の成果を発揮する。

　たが、IoT、ICT、AIはそれをどう使うかをきちんと整理しておかないと、危険な場合がある。仕組み自体に相当な投資をしたのはよいが、実際には全く使われない、ユーザー視点から見ると使い勝手が悪いといったことが多発している。

　現在のような情報技術の発展により、想定よりもかなり早く現場の業務に活用されてきていると感じるのは、我々だけではなかろう。我々が参画したプロジェクトでも必ずと言っていいほど、「情報基盤」というキーワードが入っている。ここでも、我々が重視しているのはキーワードやポンチ絵である。

　様々なポンチ絵をベースに、情報基盤に求めるポイントが何かを討議する。ここで事例を紹介する。

　この事例では、今までの個別最適な情報共有の仕組みから、エコシステムをベースにした全体最適のコミュニケーションを実現する情報基盤の構築をポイントにした。

【IoT、ICT、AIを活用した情報基盤のポイント例】
『自社内に閉じた最適指向（業務改革）からエコシステム全体最適（ビジネス変革）へ』
　1）国内、一部のビジネスや組織内での業務効率化・情報共有
　　✓ 生産情報を顧客に提供し、新たな価値を生む製品ライフサイクル情報の共有・活用ができていない
　　✓ 情報のサイロ化、分断により設計／生産の立ち上げに膨大な工数がかかる
　2）顧客、グループ、パートナーまで拡大したコミュニケーション最適化
　　✓ 会社間の情報連携をシームレスに行えるため、情報伝達リードタイム短縮・業務効率向上につながる
　　✓ 多様な情報を集約し活用することで、顧客に対して新しい価値を創造し、それを継続的に提供し続けることで顧客満足度向上につなげる

163

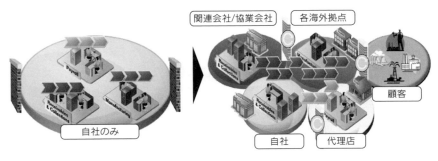

図5-6　全体最適の討議資料イメージ

　このように個別最適から全体最適をキーワードにすることは多いが、単に全体最適というだけでは何をもっての全体かわかりにくい。それは、現在の自社の枠にとらわれず、最終顧客までを含めたエコシステムなど全体最適を検討するための討議資料である（図5-6）。

　情報基盤検討でもビジネス検討でも、どのような全体最適かがわかるような討議ポイントを外さずに議論をすると正しい方向に向かうが、一歩間違って声の大きい人の話に耳を傾けていくと、その人の課題意識に改革が引きずられて、期待した成果が得られなくなることが多いので注意したい。
　これらのポイントが討議されてきたら、いよいよアイデア出しの段階に進む。皆さんも様々に実施していると思うが、我々の場合は付箋を活用した方法が多い。最近では、デザイン思考という方法論でも取り上げられているものである。
　ここでは、ポイントを絞ったテーマに関して、アイデアをブレーンストーミングの方法を使って挙げていく。重要なことは、どんどんとアイデアを挙げていくことである。途中で誰かの意見を否定したりするのではなく、むしろ他者の意見に乗っかりながらもアイデアを出し続けていく。面白いもので、他人のアイデアを見ることで新たなアイデアが産まれることがある。これは、このよ

第5章 変革への道3：ソリューションという名の新しい価値を創れ

うな作業だけでなく、通常の会話でもよくあることである。1人で悩んでいても何も進まないときに、何となく今の状態を他の人に話すとそれに反応してくれて、その答えを聞くことで自分のアイデアがふと生まれることはよくあるだろう。

これらのアイデアを、今度はKJ法などを活用して分類する。すなわちアイデア自体の分類や時間軸としての分類などを意識して分類する（詳細は類書の多い他書に譲る）。

その分類した結果を皆で俯瞰し、そこから良いアイデアを選抜するイメージで内容を固めていく。そうすることで、それぞれのアイデアの良いところ取りをして、参加した皆の一体感あるアイデアへとまとまっていくのである。こうしてまとめたアイデアを資料に落としていく。

アイデアをまとめる際（実際には討議をしている際にも）、注意することがある。一般的にはロジカルシンキングで言われていることであるが、ゼロベース思考、仮説思考、フレームワーク思考を重視する。討議中の内容が偏ってきたと感じた場合には、「本当にそれだけですか？」、「他にアイデアはないですか？」、「こういった視点もあるのではないですか？」などのように、ゼロベース思考を意識し、一度思考をフラットな状態に戻すことを促している。

また、討議が抽象化して難航してきたと感じた場合には、「XXXというのはどうですか？」、「YYYをするとZZZのようになると思うのですが」といったような、仮説思考に基づいたコメントをすることで別の考え方を取り入れてもらうように工夫している。そして、皆の意見がほぼ出そろったと感じた際には、「AAA、BBB、CCCがあるけどDDDがないですね」というように、あるフレームワークを用いて現在挙がっていないものがないかを考えてもらうようにしている。

あくまでも我々の考えではなく、討議をしている皆が普段考えていることを、いかに引き出すかが重要なポイントである。そして、何よりも大切なのは、この場を楽しむことである。討議をしていても、ワクワクしない討議はそのうち飽きてしまうし、アイデアも何かワクワクすることがないと長続きしない。そういったことを確認する意味でも、「このアイデアは、ワクワクしますか？」とたまにコメントして、モチベーションを保つようにしている。

そして、経営層レビューの日がやってくる。

あとはやる気、すべては次世代のために

　アイデアをまとめて、経営層メンバーに向けてプレゼンをしてもらう。前提としての現状とあるべき姿の発表に続いて、そのアイデア・活動に至った理由、そして、今後のスケジュールや投資対効果、リスクや課題といった内容を報告してもらうが、ここで一番大切にしていることは「思い」である。やはり、その「思い」を伝えるという気持ちでプレゼンをしてもらい、それが発表側にも経営層側にも伝わったものは採用されることが多い。せっかく、良いアイデアであっても、「思い」が足りないと採用されないことも多い。

　経営層側へのインプットとしてよく実施するのが、他社事例の紹介である。アイデアに関係する同様の取り組みや状況に関して、最新動向などを調査した結果を事前に共有しておく。当然、プロジェクトの中でも調査、共有することがあるが、経営層側には特に他社の同様の事例に関しては、頭に入れておいてもらった上でコメントをしてもらうことが重要だからである。経営層側は、普段広い視野でレビューしているとは思うが、他社事例は意外と知らないことが多い。

　一例を紹介する。ある情報基盤を討議した際の業務のアイデアの中に、アウトソース活用という内容があった。そこで、他社でのアウトソース活用の方法など調査して、共有した。その際には、①ビジネスサイクルのどのシーンでどのような方法でアウトソースを活用しているか、②開発分業時に技術（アイデア）の購入を目的としたり、コスト低減を目的にどのような方法でアウトソースを活用しているか、といったことをまとめて事前に共有をした（図5-7）。

　そういった事例も参考にコメントしてもらうことで、コメントする側の論点も明確になるので、メンバーとしても納得感が出る。

　ここで、いくつかのコメントを紹介しよう。

　A氏：「今回の製品は、自社のイノベーションの検討やソリューションの検討の先駆けとしての活動と捉えている。イノベーション検討、ソリューション検討といっても、いきなり全く違う製品を出すといったことではなく、お客様が製品の延長で必要と感じていることが、お客様にとっての付加価値となるのであれば、それをイノベーションと言っても過言ではない。ぜひ、今回の活動で終えるのではなく、継続

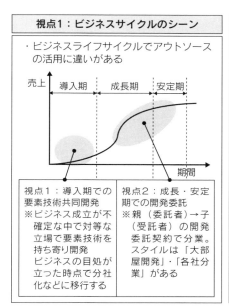

図5-7　アウトソースの他社事例

して確実に製品発売までやり遂げてほしい」(コメント前に紹介した他社事例：イノベーションやソリューションを実践している企業がイノベーションやソリューションの位置づけ定義をしている事例)

B氏：「このプロジェクトが目指す2大目的は、自社のビジネスの急拡大に対応するため、現状の業務に慣れた人にとっては痛みを伴う内容である。しかし、何とか乗り越えなくてはいけないテーマでもある。また、施策実現により創出した工数を活用して、ビジネスの拡大に結びつけることが必要不可欠である。ビジネス側はこれを最大限活用し、ビジネス拡大につなげてほしい」(コメント前に紹介した他社事例：ビジネス拡大の様々な取り組みの事例)

C氏：「説明に苦労がにじみ出ており、まずはご苦労様と言いたい。X部署の最終判断については少し残念に感じるが、ぜひとも見返してやるぐらいのつもりで進めていければよいのではと思う。本プロジェクトのような取り組みは導入時点では大変なことも多いが、運用が開始されれば継続的な効果が期待できる大切な取り組みであり、個人としても引き続きサポートしていきたい」(コメント前に紹介した他社事例：

様々なプロジェクトの事例)

D氏：「かなりの部分をいまだに人的リソースや手作業に頼っているような現在の業務プロセスに、今回の取り組みを合わせるのではない。『あるべき姿に改善・改革した業務プロセスをシステム化（IT化）する』、という発想の転換が必要。例えば、アウトソースを考えた場合、設計の情報、生産の消費地情報はどう扱うのかなどの検討も必要。また、競合に比べて製品に関する情報がプアで、人がかなりの工数をかけないと製品が売れない。そういった業務がどうあるべきかを考えるのが先である。この方向性に沿って現在、プロジェクトには情報が集まりつつある。"現実問題としての誰があるべき姿を構築するか？"はさておき、プロジェクトでは、まずは"どのような情報・データが、どのように活用・管理されるべきか？"を俯瞰して統制を執ってほしい」（コメント前に紹介した他社事例：アウトソース活用などの事例）

　こうしたコメントが出るプロジェクトでは、実施してきたメンバーと経営層側が非常に有意義なやりとりができ、いずれも次につながっている。このようなキーマンがきちんとプロジェクト実施側にも経営層側にもいるうちに、ぜひ、いろいろなイノベーション実施のサポートをしたい。我々の思いをプロジェクト内で伝える言葉として、よく使っているものを以下に紹介する。
　「あとはやるだけですね。この気持ちを大切にしてイノベーションを起こしましょう。そして、キーマンも我々もまさに油の乗り切った世代として、ぜひ日本製造業にイノベーションを起こし、一緒に、次の世代に残していきたいですね」
　そのような我々の思いとともに、まだ事例は少ないがイノベーション成功に導けていることは光栄である。

　次頁からは、プロジェクトとして討議した効果の紹介に移る。

第3節

変革の道への第3歩
（成果）

　ここでは、ソリューションという価値創造に向けたイノベーションを起こしているプロジェクトで、よく取り上げられている効果指標を紹介する。

　不確実性のかなり高いイノベーションでは、通常、成功確率が業務改善などの活動に比べてかなり低く、3割程度という研究結果がある。その研究結果でも言われていることだが、失敗する主な原因のうち、技術的な内容は2割程度で、半分以上がマーケティングや市場分析などの課題設定に起因している。顧客の付加価値をどう定義するか？　そしてそれに対してどれくらいのスピードでイノベーションを起こし、いくつもの失敗から多くを学び、なるべく早いサイクルでアイデアを出し続けるかが成功のポイントとも言われている。

　ソリューションのような、企業によって内容がかなり異なり一概に定義しにくいモノは、このようなイノベーションの結果と同じようなアプローチを取ることが望ましいと考えている。カチッとした実行計画を立ててそれに従うようなアプローチでなく、柔軟かつ臨機応変にプランを見直して、常に顧客が求めている価値に立ち返って行動ができることが重要である。

　こういったことを実現するための仕組みの一端を前節までで紹介してきたが、これは指標の面でも工夫をしなければならない。ソリューションの定義すらままならないときに、「売上などの効果が出ていないなら辞めるべきだ」といったコメントや、「今のトレンドからこれは継続するべきだ」などのコメントで経営判断がされてしまうことは、全くナンセンスだからである。通常の改善活動などと同じような指標で判断やコメントをすると、アクションを見誤ることになるのだが、実際にはそうした企業を多く見受ける。

　我々は、この手のプロジェクトの場合には、指標に工夫をしてもらうようにしている。それらのポイントをいくつか挙げたい。

【イノベーションの判断指標のポイント】
  ✓ 市場、あるいは顧客のニーズ・課題の分析とそれに対するロードマップ
    を示すこと（ニーズ・課題数と対応アイデア数のマッピング提示）

✓ 収益性と品質の概算を提示

✓ コア技術活用数（ノンコア技術数）を提示

✓ ブレーンストーミング回数、あるいは時間数の提示

✓ 人財のスキル・素養の分布提示

✓ メンバー選出の基準提示

　これらの指標のうち、収益性などは通常のプロジェクトでも提示するだろう。また、ニーズや課題の数などもしかりだが、技術の数を提示する企業になるとやや少なくなる。それ以下の内容は、イノベーションの成功率を上げるものから提示しているが、あまり利用されることはないと感じている。

　ブレーンストーミングの回数や時間は、イノベーションの過程を見るためである。結果として出てきたアイデアも大事だが、その過程を知ることで、もしかすると別の視点でのアイデアがあった可能性などが討議でき、短時間のレビューでも良い討議ができる。人財のスキルや素養の提示、メンバー選出の基準に関しては、特定の技術やスキルに偏ることなく、なるべく異なる視点や素養を持つメンバーを入れることが、イノベーションを成功させることにつながる可能性が高いからだ。

　また定期報告以外にも、プロジェクト実施中に頻繁に経営層がメンバーへ声をかけることも重要になってくる。途中の配置転換やアイデア変更なども柔軟に実施できるようにしてあげること、またトライアルで実験的に試作などをして顧客の反応を確かめることを許可することで、プロジェクトの効率も格段に高まり成功率を上げることにつながる。他にも、イノベーションプロジェクトに応じて、できる工夫を取り入れることは可能と考えている。ぜひ、通常のプロジェクトとは違うことに挑戦しているという気持ちを常に持ち、楽しみながらプロジェクトを実施していただきたい。

　最後に、ソリューションによる付加価値向上がより加速されるような、イノベーションを起こす今後の取り組みなどを紹介する。

第4節

変革の道の続き（今後に向けて）

　前節までソリューションという名の付加価値を求めて、日本製造業に何かしらのイノベーションを起こすヒントの一部を紹介した。冒頭でも述べたが、この分野は我々もまだ経験が少なく、試行錯誤している部分もある。また、このソリューションという付加価値は製造業以外の金融、IT、サービス業までもが皆、追い求めている。クリステンセン教授の「イノベーションの最終解」でも、教育・航空・半導体・医療などの事例が掲載されており、社内の大きな潮流になろうとしている。

　我々が今考えていることは、いかに企業の枠を超えたイノベーション提供に寄与できるかである。プロジェクトを実施している当該企業だけでなく、日本の製造業のコアとなる技術と、それ以外の技術との組合せというのは無限大の可能性を秘めている。それをより早く価値に変えて、提供することへのサイクルを作る方法が必要と考えている。いわゆるオープンイノベーション型開発と言われている領域ではあるが、これを日本の製造業が主導できるようにするために、我々ができることがあると感じている。

　オープンイノベーションの事例も最近では多くなっているが、日本の製造業でこれを仕組みにまで落として利用している企業はまだそう多くない。様々な壁を取り除いて、いかにイノベーションを一企業の枠を超えて実施できるようにするかは、非常に重要なテーマだと考えている（**図5-8**）。すでにトライアルを試みてはいるが、まだ書籍に書けるほどの内容にはなっていないので、ぜひ今後形にしていきたい。

　次に、今後に向けて考えていることは、本書のタイトルにもある「創造的破壊（Disruption）」型の日本ものづくりモデルの構築である。これもすでに本書では破壊的イノベーション理論として、まだ自社の製品、サービスの存在を知らない顧客に新しい機能をもたらすか、既存市場のローエンドにいる顧客により大きな利便性または低価格を提供することによって、新しい市場を創出することと定義されている。「ローエンド型破壊的イノベーション」、「新市場型

マーケット視点（市場軸）での要求対応機能を強化し
顧客のライフサイクル全体での付加価値（イノベーション力）を向上させる

現状の姿 エンハンス開発型組織	目指すべき姿 新製品企画型組織	あるべき姿 イノベーション型組織
細かい製品単位で市場にアプローチし、開発はエンハンス型やクレーム対応など、個別の顧客向けに近い価値提供になっている	製品の単位を3つなどに統合した上で、市場を面で捉えてアプローチし、ライフサイクルも加味した新製品企画による価値提供を実施する	新たな市場を創造することも踏まえて市場全体へアプローチし、オープンイノベーション型開発などを主導できるようになる

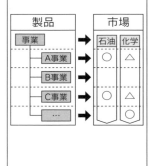
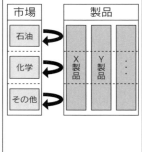

図5-8　オープンイノベーション型開発へ向けて

破壊的イノベーション」、「持続的イノベーション」などがそれにあたる。こういった理論をベースに、また我々が共同研究させていただいている朴先生、阿部先生のアーキテクチャ分析をうまく取り入れ、日本ものづくりモデル構築として、ビジネスモデル、仕組み、ITの側面から、我々、共動創発事業本部らしい何かしらの貢献ができればよいと考えている。

　そして、最後、我々がアドボカシー戦略と呼ぶビジョンを達成するための、問題解決型人財の創出について触れたい。アドボカシー戦略は、グレン・アーバン氏の書籍「アドボカシー・マーケティング」にも書かれている、「顧客への支援（アドボカシー）を徹底し、顧客の信頼を得ることによって、企業は長期的な利益を得られる」という考え方だ。我々共動創発において、「お客様の強みを踏まえ、ともに改革を推進し、共に効果を創出し、継続的な企業の成長に対する動力となる」ことをビジョンと位置づけて活動している。こういった

考えに同調していただけるメンバーを1人でも多く集め、そして、それが我々共動創発事業本部だけでなく、顧客も含めて、今後のあらゆる問題を解決できる人財の教育など、何かしらの仕組み・システムを作り上げる必要があると考えている。どんなにAI（人工知能）が発達しようとも、最後は人が重要なのは当たり前ではあるが、様々な難解な課題・問題を解決するのも、また、人でなくてはいけないと考えている。そうした人財をどのように発掘し、育てていくかも重要な仕事であると感じている。

　3章に分けて事例を紹介してきたが、事例紹介もそろそろ終わりに近づいてきた。今回取り上げた事例は、いずれも、「まだまだ具体的でない」、「全く足りていない」、「全然ダメ」とお叱りを受けるような気もしている。ただ、我々としてもこの約4年間、共動創発事業本部として経験したことを様々な制約の中で、紹介できたと考えている。

　このように、書籍という形を通じて経験を共有できたことは格別の思いもある。また、本当に日本製造業をより発展、強くするためにできること、そして我々にしかできないことを追い求め、さらなる成長・飛躍を宣言したい。そして、また近いうちに、この続編としてより価値のある成果を皆様にお届けできるよう努力することを誓って、本章の事例紹介部分を終わりにしたい。ぜひ、実際のプロジェクトで皆様とお会いできる日を楽しみにしている。

第**5**節

変革の道に添えて

　ここでは、我々が共同研究をさせていただいている MMRC の朴先生に特別
執筆をお願いした内容を紹介する。我々の事例に加えて、ぜひ有効活用してい
ただきたい。

〈特別執筆〉
グローバル統合型ものづくり IT システムの提案

埼玉大学人文社会科学研究科 教授
東京大学大学院経済学研究科 ものづくり経営研究センター 特任准教授

朴 英元

■目次

　　(1) 現状の日本製造業の置かれた環境や歴史
　　(2) グローバル製造業の最近の動向と日本製造業との関係
　　(3)「統合型ものづくり」とそれを支える IT システムのあり方
　　(4) 日本の製造業へのメッセージ：システム思考のものづくり

---

(1) 現状の日本製造業の置かれた環境や歴史

　日本のものづくりの特徴は、巧みなすり合わせ技術をベースにしているとよ
く言われている（藤本、2003）。こうしたすり合わせ型の日本のものづくり
はいつ形成されているのだろうか。様々な説があると思われるが、筆者は室町
時代以降、海外の文化と技術を独自の思想で昇華していく「すり合わせ型（日
本独特の調整型）」文化とものづくり技術が生み出されたと考えている。

　その代表的な例として、室町時代の枯山水の庭が挙げられよう。司馬遼太郎
氏は、枯山水の庭の根底には中国文化の影響を受けたものの、日本独自の思想
が加味されていると触れている。枯山水は、水を用いず、地形や砂礫、石のみ
で山水を表現する庭園の形式であり、砂紋を引いて水の流れを表現した日本独
特の文化とものづくり技術の現れである。

　枯山水は、中国庭園の影響下に生まれたと考えられるが、南北朝から室町時

代にかけて禅宗寺院で発達した。とりわけ室町時代、応仁の乱（1467～1477年）が終わると水を引く余裕がなくなり、水を使わない方法が工夫された。その結果、都で蓬莱山や滝などを表現した「枯山水」が多く作られるようになり、都を捨てた貴族や禅僧によって地方にも広がったとされる。当時、「山水河原者」「庭者」と呼ばれた技術者としての庭師たちも現れた。また池を掘り、水を引かなくてすむ「枯山水」は狭い庭にも向いていた。

　島国日本はこのように海外の文化と技術を受け入れて、独自の思想と技術を入れ込むことにより独特な技術を形成し、急激な近代化を成し遂げた明治時代にもこうした思想は変わらず、長い間延々と続いてきたと思われる。第2次世界大戦後、壊滅的な状態から復活する際も、すり合わせ型の日本文化と産業の伝統は続いた。

　こうしたすり合わせ型の日本独自の思想を、ものづくりの現場視点から考察しても脈々とその思想が受け継がれている。とりわけ、日本企業のものづくり現場の多くは、戦後の歴史的状況が生み出した、多能工によるチームワークを強みとする「サッカー型」、あるいは「統合型」のものづくり現場である（藤本・朴、2015）。これはアメリカなどに多い、専門家の個人力・構想力に頼る「野球型」、「分業型」の組織とは特性が異なる。

　日本の統合型ものづくり現場は、調整集約的な「すり合わせ型（インテグラル型）」のアーキテクチャ（設計思想）を持つ製品で、競争力を発揮する傾向があった。そうした現場において「設計情報の流れ」、あるいは「流れ意識」を現場で共有するためのツールが、日本に多い「統合型ものづくりIT」である。これに対し、グローバル標準的なパッケージITを含む欧米の開発・生産支援ITは、どちらかといえば「分業型ものづくりIT」が多い。

　グローバル能力構築競争の時代、特に世界で戦う日本の貿易財系の企業や現場は、一方でこうした欧米発のグローバル標準ITを活用しつつも、他方では日本発の軽くて柔軟で機動的な、「設計情報の流れ」の共有を支援するITをそこに融合させ、統合型ものづくりの組織能力を発揮してこの競争に勝ち残っていく必要がある。本書はそういった取り組みに全力を尽くしている日本のものづくり企業に、IT活用視点からの1つのソリューションを提案している。

　昨今、日本のものづくり企業を巡る環境は目まぐるしく変化している。IoT、Industrie 4.0、3Dプリンター、クラウド、自動運転など新しいコンセプトと技術が次々と登場し、あまりにも多すぎて対応するのに精一杯の状況である。そういったときにこそ、日本独特の強みであるすり合わせ型のものづく

りをベースに、外部の変化に素早く対応できる組織づくりと戦略を工夫する必要があるだろう。

次節では、こうした日本型ものづくりに対して、海外の最新のトレンドを踏まえて、先行している企業事例を検討する。

（2）グローバル製造業の最近の動向と日本製造業との関係

上述したように、近年グローバル製造業では、IoTとIndustrie 4.0のように産業インターネット（Industrial Internet）がもてはやされている。米国では、アメリカのものづくりの自尊心と言えるGEを中心に、ものづくりにIoTコンセプトを入れて取り組んでいる。ITの使い方も中央集権的なイメージがある。

一方、Industrie 4.0はドイツ発祥で、どちらかというとメルケル首相を核としたドイツ政府主導であり、ものづくり現場でITを活用しようという流れである。人を少なくして効率良く生産する、マスカスタマイゼーションというキーワードで語られることが多い。Industrie 4.0は、ドイツのメルケル首相が積極的に推進役としてマスコミに報道されることで、日本でも最近多く取り上げられるようになった。Industrie 4.0はドイツからの動きであるが、日本でも2015年ものづくり白書で「データ駆動型社会」というタイトルで取り上げられた。

一方、アメリカのシスコを中心にIoTやIndustrie 4.0と差別化したIoE（Internet of Everything）というコンセプトを提示している。直訳すると、すべてがインターネットにつながるという意味であり、何でもつながっている社会になると、イノベーションが起きやすくなると考えられている。シスコは人、モノ、データ、プロセス間の有機的な連携をすることで、付加価値が生まれてくると考えている。そして、デバイスがたくさんつながってくると、大量のデータをそのままインターネットに流せば処理が追いつかないので、データが発生した時点で、分析と処理をするというフォグコンピューティングという考え方を示している。

こうしたIoT、Industrie 4.0、IoEといったコンセプトはバリューチェーンのすべてのものをつなげる視点であり、ものづくり現場としては製造装置間をつなげるための各種のセンサーやPLC（Programmable Logic Controller）などのコントローラーが重要であり、ドイツのSiemens（シーメンス）と国内では三菱電機、オムロン、パナソニックなどが標準をめぐって競争している。

一方、3Dプリンターや自動運転なども、ものづくり企業に大きな影響を与

えている。2013年度は世界的に3Dプリンターが注目され、日本においても急速にブームとなり、3Dプリンターを利用した数々のサービスが出現したのである。

海外の代表的な事例は、デジタル技術を積極的に活用してきたアメリカのGEが挙げられよう。3Dプリンターの製造現場での使用で20年の実績のあるGEは、ジェットエンジンの試作やパーツ製造で3Dプリンターを使用している（Newswitch、2015.5.20）。金属3Dプリンティングで作られ、商用ジェットエンジンGE90に組み込まれるセンサーハウジングは2015年4月、航空当局の米連邦航空局（FAA）に承認された。このエンジンはボーイング777ファミリーに採用されている。さらには、次世代モデルであるLEAPジェットエンジンにも金属3Dプリンターを適用している。また、3Dプリンティングの量産工場まで新設している。

GEアビエーションではLEAPエンジンの燃料ノズルについて、アラバマ州オーバーンの既存工場に3Dプリンター設備を導入した。投資額は5000万ドルであり、2015年から3Dプリンターによる金属部品の製造に入り、年末までに10台の装置を入れるという。将来は50台以上を導入し、30万平方フィートの広さの工場の3分の1ほどが、3Dプリント用になる見通しとしている。ジェットエンジンは様々な部品を組み合わせて1つの巨大なジェットエンジンを作るが、GEはサポート材であるジェットエンジンのブラケットや燃料ノズルの製造に3Dプリンターを使用し始めている。

同社は3Dプリンターでパーツ類を製造することで原材料費、人件費、時間、エネルギーなどのコスト削減につながったという。例えば、燃料ノズル1つ製造する場合には従来の方法で行った場合、20種類近い個別パーツを機械加工で作り、その後アッセンブルして1つの燃料ノズルを作るという方法をとっていたが、3Dプリンターで製造する場合には、すべての部分において圧倒的にコストを削減することができたのである。

こうした成功事例を受けて、日本での活用事例も増えている。例えば、2013年8月にパナソニックがデジタル家電開発の試作品製造に3Dプリンターの導入を決定したことがある。従来の小型デジタル家電の試作品は手作業で樹脂や金属を加工し、試作に数週間の期間がかかっていたが、3Dプリンターで試作品を製造する場合には数時間から1日程度の短時間で製造できるようになったのである。このように3Dプリンターはパーツ自体の製造を行い、従来の工程で作るよりもコスト削減と品質向上に結びつけられる可能性がある。

一方、ものづくりに制御系が大きな影響を与えており、複雑性を増している。とりわけ、自動車・デジタル機器・精密機械など、人工物としての機械製品が複雑化していく中、メカ・エレキ・ソフトの開発プロセスなどが効果的に連動されていないことによって、新製品開発の生産性、リードタイム、設計品質などへの悪影響が問題視されるようになってきた（朴、2014）。相互連携の不良の原因は、主に設計上流段階でメカ設計エンジニアによる機能分析が不十分なため、適切な割り振りがうまくいかない、あるいはメカ・エレキ・ソフトの相互のコミュニケーション不足などが原因とされているが、制御系であるエレキやソフトは機能設計重視、被制御系であるメカ設計は構造設計重視であるという設計風土の違いがその背景にある。

　日本ものづくり産業を支えている自動車産業でも、こうした複雑性の問題が乗りかかっている。すでに高級自動車には多くのECUが組み込まれるようになっているが、最近はやっている自動運転の世界になると、ますますこうした複雑性の問題が大きく影響を与えかねない。

　現在、自動車業界のトレンドとしては、運転に対する再発明（電子部品＆ソフトウェア＝イノベーションの80%）、複雑性の管理（50から80 ECU、2GBのソフトウェア、2000万行のコード、250のセンサー、4Kmの電気回路）、組み込みシステムのコスト削減、品質と安全性向上、業界を主導する標準（安全性の強化のためのISO26262、ソフトウェアの再利用のためのAUTOSAR、早い段階での検証のためのFunctional Mockup Interface）などが取り上げられよう。1990年代にはカーナビなどのように情報を出すことがメインであったが、現在は自動運転などのように、情報を活用することによって先にドライバーに予測可能なサービスを提供するという時代になってきた。したがって、今後の自動車産業では、複雑性の増加によるシステムオブシステムズ（System of Systems）の実現が重要になりつつある。

　これまでは、システムズ・エンジニアリングによって複雑なイノベーションを実現する方法が多かった。しかし、このシステムズ・エンジニアリングには様々な問題が潜んでいる。例えば、多くのサイロ、バリデーションの不足、限定されたリユースである。近年、ダッソー・システムズ（Dassault Systèmes）、Siemens（シーメンス）、PTCなどの外資系PLMベンダーは従来のPLMシステムにシステムズ・エンジニアリングに対応するための様々な手法を取り入れている。

　本書で紹介したアーキテクチャ分析と米国で提唱されて世界で活用されてい

るDSMも、そういったシステムズ・エンジニアリング手法の1つである。米国企業だけではなく、ドイツをはじめヨーロッパ企業もこうしたシステムズ・エンジニアリング手法を積極的に導入することで、グローバルものづくりの複雑性に対応しようとしてきた。昨今、多くの日本企業もこうしたシステムズ・エンジニアリング手法に関心を示しているが、本書で提案したアーキテクチャ分析と、すでに欧米でよく活用されているDSM手法を統合したITソリューションが、日本の統合型ものづくりをより強く支えていくと考えられる。

　次節では、日本の統合型ものづくりとそれを支えるITシステムのあり方について、詳しく説明する。

（3）「統合型ものづくり」とそれを支えるITシステムのあり方

1）日本企業のITシステム活用の歴史

　日本の情報サービス産業の誕生は1960代からだと言われている（情報サービス産業協会、2014）。当時はコンピュータの価格が大変高い時代であり、計算センターと呼ばれる情報サービス企業が大型コンピュータを保有して、ユーザーに計算サービスを提供していたのである。その後、1980年代になると、ソフトウェア開発の仕事が急速に増え、1983年にそれぞれの計算サービスに代わってソフトウェア開発が業界売上高のトップとなった。

　こういった背景の上で、情報サービス産業の主たるユーザーである大企業では、1980年代半ばから多くの場合、コンピュータ利用に関する技術や経験を活かすため、情報処理部門を切り離してグループの子会社を作った。1990年代になると、コンピュータを使って処理する仕事が複雑になり、ネットワーク、ソフトウェアなど情報処理技術が高度化してくると、日本企業のほとんどは、自前で情報システムの構想を練ることが難しくなってきた。それを受けて、技術力の高い外部の情報サービス企業に、一からシステム構築を依頼するケースが増えてきた。こうした情報システムを全部まとめて作る企業を、システムインテグレータと呼ぶようになった。

　海外では、こうしたシステムインテグレータが業界ごとのベストプラクティスを構築し、グローバル展開することでグローバル標準ITのリーダーとして成長していった。しかし、日本では先述したように、日本のシステムインテグレータはユーザー企業のそれぞれのニーズに応えて、個別最適のカスタマイズシステムを構築することで、システムインテグレータが業界標準のベストプラクティスのノウハウを形成することが難しく、日本の商慣習に合うようなベス

トプラクティスを盛り込む日本型のグローバル標準ITシステムベンダーは育てられない環境である。

一方、1980年代半ばから始まった情報処理部門の切り離しは、1990年代になると、ITサービスに関わる固定費を抑えるため一層進むようになり、それに伴って内部開発能力が落ちていくことになる。結果的に、外部のSIベンダーとコンサルタントにカスタマイズをお願いしているが、社内には全体のITシステムを調整する人材が少なくなってきている。最近の情報サービス産業の動向によると、アウトソーシング比率は高まっているが、多くの仕事は社内のレガシーシステムと社外のグローバル標準ITシステムとの連動のためのカスタマイズの仕事が多いと言われている。

2) 統合型ものづくりを支えるITシステム

ものづくりの概念には、狭い意味の定義と、広い意味の定義がある（藤本・朴、2015）。ここでは、広い意味でのものづくりをベースにする。具体的に、3つのポイントに焦点を合わせている。

 ①経営、開発設計活動、製造業の生産活動、販売・保守サービス活動を1つのトータルシステム（統合型ものづくりシステム）として捉える

 ②経営と開発設計活動のみならず、生産活動、販売・保守サービスの持つ「設計情報」を広義の情報システムとして捉える

 ③このシステムの目的として「顧客価値での競争力」に焦点を当てる

3つのポイントを踏まえて、ここでのものづくりの定義は、設計情報がメディア（媒体）の上に転写されるプロセスであると定義する（藤本・朴、2015）。

こうした広義の「ものづくり」概念に基づき、すぐれた日本のものづくり企業の特徴を説明するならば、顧客へ向かう設計情報の創造・転写・発信のプロセスを、競合他社よりも常に正確に（高品質で）、効率良く（低コストで）、迅速に（短いリードタイムで）、顧客のニーズに合わせて（フレキシブルに）遂行する組織ルーチンの体系化の組織能力を有する企業群と言えるだろう。つまり、いわゆるQCDFの同時達成・同時改善を行う能力である。

そこでは、開発・購買・生産・販売の現場の組織能力が一体となって緊密に絡み合っている（藤本・朴、2015）。代表的な例として、いわゆるトヨタ生産方式は、こうした「ものづくりの組織能力」の典型である（藤本、2003；藤本・朴、2015）。すなわち「設計情報の創造・転写が行われない時間」を最小化し、顧客へと向かう設計情報の、淀みない「流れ」を作ることがその要諦である。

第5章 │ 変革への道3：ソリューションという名の新しい価値を創れ

　先述したように、日本企業の日本の貿易財の開発・生産現場を長年支えてきた「統合型」ものづくりシステムは、冷戦後のグローバル競争下においてもおおむね健在であり、それらは日本のすり合わせ型（インテグラル型）アーキテクチャの製品群における競争優位を支えてきた。実際、高機能型の自動車・産業機械・電気機械など、あるいは機能性の化学品や鉄鋼製品は、近年のグローバル競争下においても輸出競争力を維持した。その背後には、多能的な作業者・技術者のチームワークで設計情報の淀みない流れを作ることを目指す情報技術の構築努力があった。こうした日本企業の統合型ものづくりを支えたのが「統合型ものづくりIT」（Integrated Manufacturing IT System：IMIS）である（藤本・朴、2015）。

　一方、1995年からの「ネットワーク革命期」以降、クライアントサーバーシステムの登場によって、世の中には、急速に3次元CAD、ERP、SCM、CRMなどのグローバル標準ITベンダーが登場してくる。本稿では、こうしたITシステムを「グローバル標準IT」（Global Standard IT System：GSIS）と定義する。

　「グローバル標準IT」（Global Standard IT System：GSIS）の中、欧米製が主流となっている統合型ITシステムであるERPのことを例に挙げると、日本産業のプロセスを盛り込んだ日本発グローバルベンダーは存在しない。少なくとも日本市場で頑張っているベンダーもほとんど見当たらない。というのは、ソフトベンダーがいかにして、産業ごとのベストプラクティスを吸い込めるかがグローバルソフトベンダーとして成功するかどうかが決まってくるものの、日本ではこうしたことを許せない環境であるとの指摘がある（藤本・朴、2015）。

　現在主流となった欧米型ERPシステムは、長い間顧客との緊密な関係の中でベストプラクティスを構築してきたのである。例えばSAPの場合、1972年ドイツのソフト開発ベンチャーとしてスタートして、初期の段階で顧客のIBMからベストプラクティスをパッケージ化することに対して、反対されたことはあるものの、顧客との親密な関係を維持することで欧米の大企業のベストプラクティスを盛り込むことに成功した（March and Garvin, 1996；藤本・朴、2015）。

　それに対して、日本ではSAPのような日本型ベンダーが生まれにくい環境である。なぜならば、日本のパッケージメーカーに自社のノウハウを貯めることは好まなく、したがって日本の商慣習に合うようなベストプラクティスを盛り込む日本型の統合型ものづくりITシステムベンダーは育てられない環境で

181

ある。

　PLMのシステムにしても、グローバルベンダーのダッソー・システムズ（Dassault Systèmes）やSiemens（シーメンス）に比べて、日本の大手ITシステム会社は、顧客のノウハウを吸い込む能力がなく、顧客の要求に従って、カスタマイズするビジネスを展開しており、顧客のベストプラクティスが日本のベンダーに残りにくい状況であるとされる。今後、この問題にどのように対応するかが1つの大きな課題であろう。

　とりわけ、「統合型ものづくり」を得意としてきた日本企業も、デジタル家電・情報財などのオープンモジュラー型製品、特に新興国を含むグローバル市場向けのモジュラー型ビジネスにおいては、まさに生き残りを賭けたぎりぎりの製品革新と能力構築が行われていたわけであり、そこに動員されたITシステムも、おのずと、統合型ものづくりのさらなる強化を支援する「統合型ものづくりIT」（IMIS）である傾向が強かった。このことにより、日本企業のものづくり支援ITは、現場の固有性を織り込んだローカル（現場特殊的）なものとなり、同じ時期に台頭してきた「グローバル標準IT」（Global Standard IT System：GSIS）を使いこなす上では障害となっていた（藤本・朴、2015）。

　図5-Iに示すように、日本企業が得意とする「統合型ものづくりIT」は、確かに国内や先進国向けのインテグラル型アーキテクチャの製品開発や生産には適合しているが、世界市場、とりわけ新興国向けのオープンモジュラー型製品の開発には必ずしも適合しないと言えるだろう。

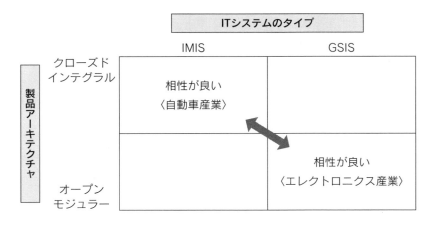

図5-I　製品アーキテクチャとITシステムとの適合性

3）グローバル統合型ものづくりITシステム（GMIS）の提案

　先述したように、日本の統合型ものづくりのベースは、現場の暗黙知の集合体である（藤本・朴、2015）。これまでの多くの研究では、日本のものづくり能力および技術と品質の高さは確かに立証されている。従来負け組みの代表であると言われているソフトウェア産業でさえ、品質のレベルは高く、米国に比べても決して落ちていないと評価されている（Cusumano、2004）。特に、高い暗黙知によって支えられている日本の現場のものづくりシステムをグローバル展開するとき、従来のITシステムのままでは限界がある。

　例えばブリヂストンのように、現場の暗黙知を組織全体に淀みなく流れるようにするFOA（Flow Oriented Approach/Architecture）のような取り組みも非常に重要であろう。つまり、統合型ものづくりITシステムは顧客ニーズにピンポイントで応えられて、顧客に喜びを与えるような製品開発・設計を支えるシステムのみならず、日本の現場の高いものづくり能力を支えられるITシステムにならないといけない。そのために、従来のITベンダー主導のITシステムではなく、ITシステムを活用する組織のユーザー主導のITシステム設計にならないといけないと思われる。

　一方、グローバル標準ITは、企業の統合的ITシステムとしてよく知られているERPシステムのように、世界のすぐれた企業のベストプラクティスが盛り込まれており、そのまま企業に導入すれば、グローバル企業のベストプラクティスを活用できるメリットがあったのも事実である。しかし、IT技術の進化に伴い、世の中のすべてのITシステムは例外なく、進化し続けている。企業の基幹業務ITシステムの歴史を概観しても、MRP（material requirements planning）からERP（enterprise resource planning）へ進化し、CRM（customer relationship management）やSCM（supply chain management）のITソリューションが大勢だと思いきや、最近はクラウドコンピューティング（cloud computing）やサービス指向アーキテクチャ（SOA：service-oriented architecture）、IoT（Internet of Things）、インダストリー4.0などが流行している。

　このように、企業をめぐる技術変化の速さに組織内部のIT部門だけで対応するのがなかなか厳しくなり、その結果、日本企業も従来のスクラッチ開発（独自システム開発）からERPやSCMなどのグローバル標準ITのパッケージ導入に力を入れてきた。しかし、外部主導のIT導入は組織内部でITを活用するユーザーの主体性が無視されがちであり、最高のベストプラクティスシステ

ムが導入されたとしても時間が経つにつれて硬直してしまう傾向がある。こうした弊害を克服する方法は、ITシステム開発にユーザー主体性を盛り込ませる仕組みを作らないといけない。

　ところが、日本のものづくり企業の本業はものづくりであり、ITシステムではないので、ユーザーの主体性や利便性を確保しつつ、外部環境に対応できるITシステムをサポートする仕組みづくりが最も重要な課題となっている。とりわけ、顧客ニーズと相性の良い製品を作り続けるために、製品開発プロセスと組織との統合性を実現させるITシステムの構築がより一層重要になってきたと言えるだろう。

　戦略論の基本は、強みを伸ばし弱みを補う「両面戦略」である。すなわち、現在の日本の優良な産業現場の強みである「統合型ものづくりによるインテグラルアーキテクチャ製品の設計・生産」を堅持しつつも、他方では、従来苦手であったオープンモジュラー製品によるグローバルビジネスでも勝てるように、新たな能力構築を行い、新興国を含むグローバル市場でも勝たねば、企業として成長できない。こうした両面戦略を遂行するためには、一方で「統合型ものづくりIT」を活用し、このインテグラルアーキテクチャ領域での競争優位を維持しつつも、他方では「グローバル標準IT」をもっと上手に使いこなしてグローバルなモジュラービジネスも強化すべきである。言い換えれば、「統合型ものづくりIT（IMIS）」と「グローバル標準IT（GSIS）」を融合し両立させる「グローバル統合型ものづくりIT」（Global Manufacturing IT System：GMIS）を目指すべきである。

　以上をまとめると、**図5-Ⅱ**に示すように、日本のものづくり産業のIT戦略とは、①これまでの日本の現場の強みであった「統合型ものづくり」を支援する「統合型ものづくりIT」（IMIS）を活用しつつも、②これまで日本企業が苦手としてきた「グローバル標準IT」（GSIS）をよりよく使いこなし、これら①と②を融合しバランスさせることで、③「グローバル統合型ものづくりIT」（GMIS）を実現するほかない。

　新興国を含むグローバル競争が激化し、紆余曲折を経ながらも自由貿易の傾向が強まると見られる21世紀前半、「グローバル長期全体最適」の経営を目指す日本企業は、自国の産業現場の絶対優位（生産性など現場力の優位）と、海外現場の比較優位（低コスト拠点の競争力）を活かしつつ、機動的なグローバル経営を行う必要がある。

第5章 | 変革への道3：ソリューションという名の新しい価値を創れ

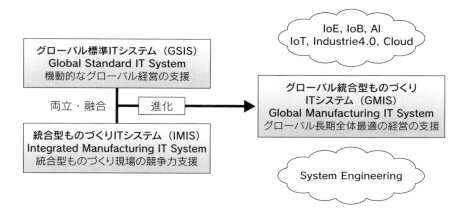

図5-Ⅱ　グローバル統合型ものづくりITシステム（GMIS）

　そこで必要とされるのは、日本の統合型ものづくり現場の特殊性を支える「統合型ものづくり支援IT」（IMIS）のみに固執することではない。しかし、それをすべて捨てて「グローバル標準IT」のみに走ることでもない。それは強みの放棄であり、競争戦略の基本からの逸脱であり、「動き過ぎ」による自滅のリスクを伴う。そうではなく、その両方を融合し、両立させる「グローバルものづくりITシステム」（GMIS）を目指すことであろう。

　新興国との極端な内外賃金格差を特徴とした「ポスト冷戦期」が終息しつつある2010～20年代においては、物的生産性の高い国内の優良ものづくり現場の生き残り可能性が格段に高まり、逆に賃金高騰の続く新興国の現場を輸出拠点として維持することは、生産性の向上抜きには難しくなる。

　こうした時代に、貿易財系の日本企業がグローバル長期全体最適の経営を実現するためには、①国内に高生産現場をしっかり残し、海外拠点の生産性向上のための知識移転の核とする一方、②新興国・先進国の海外拠点群を連結し事業・製品・工程のミックスを機動的に連動させるグローバル経営が求められる。こうした戦略的方向性から考えると、これを支える情報システムは、①に関しては「統合型ものづくり支援IT」すなわちIMIS、②に関しては「グローバル標準IT」すなわちGSISと見るのが妥当であろう。

　先述したように、「統合型ものづくり」とそれを支えるIMISが、これまでの日本ものづくり企業の現場力の強化に対して有効性を持つことは明らかである。これらがあったからこそ、日本の貿易財の優良現場の多くは、ポスト冷戦

期の厳しいグローバル競争の中でも、現場力でハンディを克服し、何とか存続できたのである。そして、多能的技術者・作業者のチームワークによる「付加価値の流れ」づくりを持ち味とする統合型の開発・生産現場が、情報技術面ではIMISによって支持されていたことは明白である。

　しかし、日本企業が欧米や新興国の先進的なIT活用企業に比べ、グローバル標準IT（GSIS）の使いこなし能力が不足する傾向があったことも認めざるを得ない事実である。したがって、ポスト冷戦期を生き残り、グローバル能力構築競争の中で、日本の現場の現場力を活用しつつグローバル長期全体最適経営を目指す日本企業にとっては、IMISとGSISの融合によるGMISの構築は避けて通れない課題、との結論に至る。

　しかし、我々の知る限り、日本企業で現実にIMISとGSISの真の融合を達成しているところはまだほとんどないと思われるが、一部「グローバルものづくりIT」（GMIS）構築の兆しは見られる。例えば建設機械のコマツは、世界標準の基幹業務ソフト（ERP）を活用して原価計算をグローバルで日々完結させる一方、各国の生産・開発現場にローカル適応したCADやBOMをグローバルに連結し、また主力拠点で設計BOMと製造BOMを統一化するなど、GSISとIMISの両立へ向けた取り組みが活発である。

　コマツの事例から、本書ではグローバル統合型ものづくりITシステム（GMIS）のフレームワークとして、図5-Ⅲに示すように、部品表（BOM）をベースとしたアーキテクチャ分析のフレームワークを提案する。世の中で使われている部品表（BOM：Bill of Materials）とは、部品コードや組み立ての順番などを記載したもので、製造業で用いられる部品表の一形態であり、製品の見積り時点から、商品企画、設計、調達、製造、保守サービスにまで利用されている。BOMは業種、業態によって様々な形態があるが、一般的に設計BOM（E-BOM）、製造BOM（M-BOM）、サービスBOM（S-BOM）、それを統括するマスターBOMが多く利用されている。とりわけ、マスターBOMは設計から製造、購買、保守サービスまでを構成するデータベースであり、非常に巨大なものとなっている。

　世界的な建設機械メーカーであるコマツのGDMSのように、こうしたBOMを「グローバル標準ITシステム」（GSIS）を活用するためのインターフェースとして実装することで、「グローバル標準ITシステム」（GSIS）を活用しつつ、顧客からの要件を淀みなく製品機能および構造へ展開し、またそれ

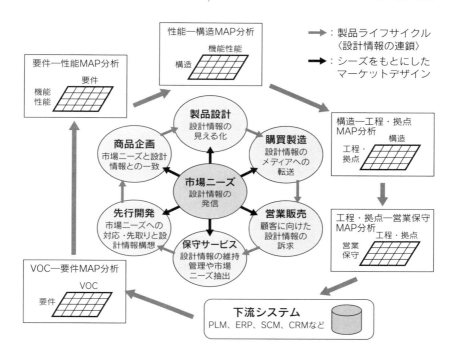

図5-Ⅲ　設計情報のBOMをつなげるアーキテクチャ分析の概念図

に対する組織対応関係を明確にするアーキテクチャ分析によって、日本の現場の強みである「統合型ものづくり」を支援する「統合型ものづくりITシステム」(IMIS)をバランス良く活用することも可能となるだろう。

(4) 日本の製造業へのメッセージ：システム思考のものづくり

　冒頭で述べたように、IoTやIndustrie 4.0のようなトレンドは、今後ますます加速化することは必然的である。こうしたIoT時代のIT戦略として、ハーバード大学のマイケルポーター教授は、2015年10月、「目の前の製品には価値があるだけではなく、雲の上にも価値がある。そういう複合的なものが進化していることを注意しなければならない」と述べた。例えば、通信手段がないと遠隔地の情報が見られないように、そのような視点から考えると従来とは違った新しいもの（あるいはサービスとの融合）の価値がどこにあるかが見えてくるだろう。

　そういった意味で、システムの視点が重要になってくるだろう。日本のもの

づくりは、もともとシステム思考の考え方があった。トヨタ生産方式にしても、顧客の視点からものづくりを行ってきた。コマツの製販システムや多くの日本ものづくり企業の製販統合の考え方も、同じ認識の上にあったのである。それを実現するために、大部屋でワイガヤを行ってきたのである。

　ただ、従来はアナログで行ってきたシステム開発を、IoT時代では、様々なデジタル手段とITツールを活用してよりやりやすくなったことである。こうしたITツールを活用することで、顧客が使っている製品のデータをリアルタイムで把握し、サービスとして提供することが重要になってくる。こうした価値を強調して、IBMなどは従来のCRMを超えて、顧客経験価値あるいはカスタマーエクスペリエンスマネジメント（Customer Experience Management：CxM）を提唱している。ここでの顧客経験価値とは、顧客と製品や企業との関係全体を戦略的にマネジメントするプロセスであり、商品やサービスそのものより、購入や使用時における価値が経験価値と言えよう。

　従来は製品のハードウェアとソフトウェアだけを考えてきた。ネット通信の技術を製品に搭載すると、雲の上に製品のアプリケーション、製品データ、解析エンジンなどを設けることができる。それについては現在、大きなマネジメントの課題となっている。特に、外部の情報源とのゲートウェイ、業務システム（ERP、CRM、PLMなど）との統合に関連しては、自社でやるのか外部企業にやらせるのかが現在企業の重要な課題である。

　日本のものづくり企業の中で、開発設計部門、製造部門、営業部門、物流部門、サービス部門、経理部門などの組織にIoTやシステムエンジニアリング手法をどのように活用するかを考える必要がある。しかし、残念ながら最近の多くの企業では、製造やサプライチェーンの効率化には一生懸命取り組みながら、ものづくりをシステムでとらえるとき、最も付加価値を生み出す開発設計エリアでは十分に活用されていないと思われる。とりわけ、顧客価値をセンシングするエリアでは、いまだに多くの日本企業が遅れているのが現状であろう。

　KOMTRAXを活用して顧客に合うサービスを提供しているコマツをはじめ、日本の高付加価値ものづくり産業の１つであるコピー機や複合機企業の成功事例でも見られるように、顧客のコピー機、複合機はどれだけの稼働率で使われているのかを遠隔監視して、顧客ニーズに合わせたサービスを盛り込んだソリューション戦略を展開することが求められる。その意味で日本のものづくり企業の強みであったすり合わせ型のハードウェアを中心に、ハードウェアの製品単体ではなく、システム全体を考えるシステム思考がより一層求められ

る。このように、システム思考に基づき、自社の製品とサービスのライフサイクル全体をチェックし、どこで価値が生まれるのかを判別しないといけない時代となりつつある。

上記で引用したマイケルポーター教授は、デジタル世界とフィジカル世界を融合すること（デジタル・ツイン）によって、何かのイノベーションが生まれると考えている。例えば、米国のキャタピラーや日本のコマツがAugmented Reality（AR）とVirtual Reality（VR）技術などを使って、新しく設計した部品や製品を3次元でシミュレーションする場面を想像してみよう。サービスマンはARを使って、実際に壊れた部品に関する状況を解析することもできる。鉱山などの採掘現場で、どれほど掘っていたのかという情報もリアルタイムで収集することができる。後工程の人には、紙とデータで組立の手順なども参照することができる。

このように、デジタル世界とフィジカル世界を融合するというデジタル・ツインの取り組みはアメリカ企業をはじめ、多くのグローバル企業で行われている。こうした事例などもIoTツールを活用したシステム思考のものづくり戦略の1つであろう。

グローバル統合型ものづくりIT（GMIS）を実現するために、部品表（BOM）軸で考えることが重要であると述べてきた。PLMの世界では、今まで設計BOM（EBOM）が多く議論されてきた。しかし今後、センサー情報をEBOMに入れないといけない時代になりつつある。また開発設計の上流段階で、そのセンサーをどんな部品に搭載すべきかを工夫しないといけない。つまり、センサー情報を含めたEBOM構築が、今後のIoT技術などを活用した製品開発に欠かせないことであろう。

それから、製品のバリエーション設計（モジュール化の設計）のためにも、どこにセンサーを搭載すべきかを真剣に検討すべきである。さらに、センサーのデータをどのように設計のFMEAにフィードバックするかも喫緊の課題である。従来はPLMにEBOMとサービスを入れるだけで十分であった。それから、デジタルモックアップ（DMU）をPLMと一緒に考えるというのが典型的なPLM導入のパターンであった。しかし、これからは、EBOMにセンサーアラート情報も入れないといけない。

システム思考で考えると、ものづくりの実現は工場内で完結しない。スマートフォンの世界で見られるように、iOSやAndroidのようなOSだけではなく、制御ソフトウェアの競争時代になっている。アメリカのAPPLEや

GOOGLEを真似し、近年では中国のシャオミ（Xiaomi）もMiというOSをベースに自社製品のプラットフォーム環境を構築したのである。それこそ、日本企業が苦手としてきたモジュラー型エレクトロニクス産業で見られるシステム思考の典型的な事例であろう。今後の時代はメカ部品からソフト部品へシフトし、製造とは出荷後も続く、終わりのないプロセスとなる。さらに、ソフトウェアアプリケーションによって、ハードウェア部品の組立が簡素化する。

　そのための組織づくりも大切であろう。人事・労務管理に関しては、IoT技術、制御技術に強い人財の採用計画、新しい報酬制度、優秀な人財確保のための立地戦略を考える必要がある。例えば、製品開発部門の人財改革として、機械エンジニア中心の人員構成から脱皮し、ソフトウェア技術者、システムズエンジニアリング技術を有する人財の育成と採用、製品クラウド、データサイエンティストの増員と強化、外部との協業機会の検討、情報システム部門と製品開発部門との橋渡し人財の育成などが求められるだろう。本書は、こうしたものづくり企業を巡る最新のITトレンドに対応するシステム思考を持つ人財を育てる手法を提案している。アメリカで提案されたDSM手法より、著者が東京大学をベースに日本企業のマネジャーたちと議論して提案しているアーキテクチャ分析手法は、まさしくものづくりをシステムで捉えて顧客価値を実現するものづくりを可能にするシステムエンジニアリング手法であり、そういったシステム思考を持つ人財を育成するために考案された手法である。本書が、複雑性を増しているものづくり製品と技術環境のため悩みながら奮闘している日本企業に、少しでも貢献できることを期待する。

〈参考文献〉

Newswitch（2015）「GEが金属3Dプリント部品をフルに使った小型ジェットエンジン：試験運転で毎分3万3000回転達成」日刊工業新聞、2015年5月20日（http://newswitch.jp/p/689）

ポーター, M. & ヘプルマン, J.（2006）「IoT時代の製造業」DIAMONDハーバード・ビジネス・レビュー、2016年1月号

司馬遼太郎（1987）『街道をゆく〈19〉中国・江南のみち』朝日文庫

藤本隆宏・朴英元編著（2015）『ケースで解明：ITを活かすものづくり』日本経済新聞出版社

朴英元（2014）「【特集】開発効率化を実現するメカ・エレキ・ソフト協調設計の勘どころ：解説1　アーキテクチャ分析を利用したシステム」機械設計、2014年11月号、第58巻、第11号

朴英元（2014）「【特集】開発効率化を実現するメカ・エレキ・ソフト協調設計の勘どころ：総論 メカ・エレキ・ソフトの設計思想と設計プロセスの課題」機械設計、2014年11月号、第58巻、第11号

おわりに

　我々共動創発のビジョン『お客様の強みを踏まえ、共に改革を推進し、共に効果を創出し、継続的な企業の成長に対する動力となる』は、本書の途中でも紹介した。ちなみに、本稿末に掲載したロゴはこのビジョンを象徴するデザインとして作成したものである。

　ビジョンと合わせて、以下の4つの行動規範を我々は定義している。

①我々は「相互理解」「相互尊重」の精神の下に常に行動する

②顧客視点で価値が認められるソリューションを提供し、その価値を常に確認する

③顧客との長期的な関係を構築するため、常に自分の付加価値を意識し行動する

④顧客のビジネスを理解し今後の成長を想像し、顧客とともにビジネス目的実現に寄与する新しいソリューションを企画する

　最近、仕事以外に実施している様々な物事も、抽象化して捉えると、それに関わるメンバーのチームワークが重要だと常々感じる。最近始めた区分農園による農作業、前職のメンバーと続けているマラソンなどの陸上部活動、学生時代から楽しんでいるサッカー、皆、チームワークが良いときには、良いパフォーマンス（収穫、マラソンタイム、勝利）を出すことができる。

　我々の全メンバー、一人ひとりが顧客とともにチームを組み、顧客とともに価値を創出する。このような信念を持って日々活動をしている。『ビジョン』と『お客様も含めたチームワーク』を我々は、特に重視している。

　また、もう1つ重視しているものが「スピード感」。私がコンサルタントになって最初の頃に読んだ書籍に「企業変身－悪魔のように最新に－都村長生氏」がある。この中で、『企業変身とは、既存のパラダイム（枠組み）の中に安住している組織を一段上のパラダイムに移行させるための一連の作業である』とし、これを著者は一種の外科手術に例えて記載している。そして、『短

191

期間に思い切ってエネルギーを投入し、組織全体を素早く動かすことが成功のコツ』と言及している。

　改革は、どれも非常に難易度が高いものであるが、いつまでも考えているだけでは成果は出ない。成果を出すためには、「スピード感」が重要だと、コンサルタントになった頃から、常に考え行動をしている。この「スピード感」についても我々メンバー一同、重要と考えている。

　本書執筆にあたっては、多くの人々からご教示をいただいた。中でも特に、この本のベースとなっている藤本隆宏教授、朴教授、阿部研究員には深く感謝を申し上げる。先生方の研究成果に触れることがなければ、この本は生まれることはなかったかもしれない。
　さらに、編集協力していただいた日刊工業新聞社の矢島俊克氏、事例情報の提供、執筆に貢献してくれたコンサルタント、團野晃さん、堀貴之さん、重枝真太朗さん、平石隆洋さん、中田延寿さん。この場を借りてみなさんに感謝をしたい。
　本書をお読みいただいた方々に、我々が重要と考えている「ビジョン」、「お客様も含めたチームワーク」、「スピード感」に対する理解が届き、弊社のミッション「企業に、感動という付加価値を」与えられる一助になれば幸いである。

　　2016年9月

　　　　　　　　　　　　　　株式会社ワイ・ディ・シー 共動創発事業本部
　　　　　　　　　　　　　　　　　　　　　　　　　編著者一同

参考文献

アブラハム，アジスほか（2012）『群知能とデータマイニング』（栗原聡・福井健一訳）東京電機大学出版局.

稲水伸行（2014）『流動化する組織の意思決定：エージェント・ベース・アプローチ』東京大学出版会.

井庭崇・福原義久（1998）『複雑系入門：知のフロンティアへの冒険』NTT出版.

大内東・山本雅人・川村秀憲（2002）『マルチエージェントシステムの基礎と応用：複雑系工学の計算パラダイム』コロナ社.

O2構造化設計チーム（2011）『個別受注で勝つ：設計を「構造化」して開発効率を高める』日経BP社.

カウフマン，スチュアート（2008）『自己組織化都心化の論理』（米沢富美子監訳）筑摩書房.

加藤剛（2013）『知識ゼロでもわかる統計学：本当に使えるようになる多変量解析超入門』技術評論社.

唐沢昌敬（2009）『複雑性の科学の原理：企業や社会を劇的に変える方法論』慶應義塾大学出版会.

クラウス，ポールほか（2009）『ソフトウェアプロダクトラインエンジニアリング：ソフトウェア製品系列開発の基礎と概念から技法まで』（林好一ほか訳）エスアイビー・アクセス.

クリステンセン，クレイトンほか（2008）『イノベーションのへの解：実践編』（栗原潔訳）翔泳社.

クリステンセン，クレイトンほか（2014）『イノベーションの最終解』（櫻井祐子訳）大日本印刷.

Clements, Paul・Northrop, Linda（2003）『ソフトウェアプロダクトライン』（前田卓雄訳）日刊工業新聞社.

グレン・アーバン（2006）『アドボカシーマーケティング』（山岡隆志訳　スカイライトコンサルティング監訳）英治出版

Crawford, Chris（2004）『クロフォードのインタラクティブデザイン論』（安村通晃監訳）オーム社.

國領二郎・プラットフォームデザインラボ編著（2011）『創発経営のプラットフォーム』日本経済新聞出版社.

坂本裕司ほか（2009）『これだけは知っておきたい組込みシステムの設計手法』技術評論社.

澤泉重一・片井修（2007）『セレンディピティの探求：その活用と重層性思考』角川学芸出版.

沢田篤史・平山雅之編著（2011）『組込みソフトウェア開発技術』CQ出版.

柴田友厚（2008）『モジュール・ダイナミクス：イノベーションに潜む法則性の探求』白桃書房.

柴田友厚 (2012)『日本企業のすり合わせ能力：モジュール化を超えて』NTT出版.

清水吉男 (2010)『要求を仕様化する技術・表現する技術：仕様が書けていますか？』技術評論者.

ジョンソン，ニール (2011)『複雑で単純な世界：不確実なできごとを複雑系で予測する』(阪本芳久訳) 合同出版.

スティックドーン，マーク・シュナイダー，ヤコブ編著 (2013)『ディス・イズ・サービスデザイン・シンキング：領域横断的アプローチによるビジネスモデルの設計』(郷司陽子訳) ビー・エヌ・エヌ新社.

SESSAMEWG2 (2006)『組込みソフトウェア開発のための構造化モデリング』翔泳社.

SESSAMEWG2 (2007)『組込みソフトウェア開発のためのリバースモデリング』翔泳社.

高橋宏知 (2016)『メカ屋のための脳科学入門：脳をリバースエンジニアリングする』日刊工業新聞社.

谷口忠大 (2010)『コミュニケーションするロボットは創れるか：記号創発システムへの構成論的アプローチ』NTT出版.

Checkland, Peter (1985)『新しいシステムアプローチ：システム思考とシステム実践』(高原康彦・中野文平監訳) オーム社.

都村長生 (1993)『企業変身 – 悪魔のように最新に – 』(ダイヤモンド社)

デマルコ，トム (1986)『構造化分析とシステム仕様』(高梨智弘・黒田純一郎監訳) 日経BP出版センター.

寺本義也・原田保 (2006)『無形資産価値経営：コンテクスト・イノベーションの原理と実践』生産性出版.

東京大学i. school編 (2010)『東大式世界を変えるイノベーションのつくりかた』中央精版印刷.

中澤進・倉林良行・岩崎啓太編著 (2012)『欧米企業から学ぶ：グローバル連結経営管理』ビジネスブレイン太田昭和監修，中央経済社.

NamPyoSuh (2004)『公理的設計：複雑なシステムの単純化設計』(中尾政之ほか訳) 森北出版.

根来龍之 (2015)『ビジネス思考実験：「何が起きるか？」を見通すための経営学100命題』日経BP社.

延岡健太郎 (2011)『価値づくり経営の論理』日本経済新聞出版社.

バーカー，ジョエル (1995)『パラダイムの魔力』(仁平和夫訳) 日経BPセンター.

英繁雄・奈加健次・平岡嗣晃・前川祐介 (2013)『ハイブリッドアジャイルの実践』長瀬嘉秀監修，リックテレコム.

平鍋健児・野中郁次郎 (2013)『アジャイル開発とスクラム：顧客・技術・経営をつなぐ協調的ソフトウェア開発マネジメント』翔泳社.

藤本隆宏 (2004)『日本のもの造り哲学』日本経済新聞出版社.

藤本隆宏 (2012)『ものづくりからの復活』日本経済新聞出版社.

藤本隆宏編（2013）『「人工物」複雑化の時代：設計立国日本の産業競争力』有斐閣.

藤本隆宏・朴英元編著（2015）『ケースで解明：ITを活かすものづくり』日本経済新聞出版社.

フロイド，クリス（2008）『経営と技術：テクノロジーを活かす経営が企業の明暗を分ける』（前田琢磨訳）英治出版.

ポラニー，マイケル（1985）『個人的知識：脱批判哲学をめざして』（長尾史郎訳）ハーベスト社.

ポランニー，マイケル（2003）『暗黙知の次元』（高橋勇夫訳）筑摩書房.

マキヴェイ，ジェイムズ（2013）『デジタル・ディスラプション：破壊的イノベーションの次世代戦略』（プレシ南日子訳）実業之日本社.

松岡由幸編著（2008）『もうひとつのデザイン：その方法論を生命に学ぶ』共立出版.

松岡由幸・宮田悟志（2008）『最適デザインの概念』共立出版.

松岡由幸編著（2013）『創発デザインの概念』共立出版.

松岡由幸・加藤健郎（2013）『ロバストデザイン：「不確かさ」に対して頑強な人工物の設計法』森北出版.

ミッチェル，メラニー（2011）『ガイドツアー複雑系の世界：サンタフェ研究所講義ノートから』（高橋洋訳）紀伊国屋書店.

宗平順己・明神知・大場克哉・池田大・今井英貴・谷上和幸（2010）『百年アーキテクチャ』日経BP社.

矢作恒雄・青井倫一・嶋口充輝・和田充夫（1996）『インタラクティブ・マネジメント』ダイヤモンド社.

山田太郎（2005）『実践！PLM戦略』ネクステック監修，PHP研究所.

横河民輔（2010）『是の如く信ず』（長谷川鑛一現代語訳）PHPパブリッシング.

ラズロ・バラバシ，アルバート（2002）『新ネットワーク思考：世界のしくみを読み解く』（青木薫訳）NHK出版.

索　引

A～Z、数字

3C ···························62
Accelerator ··················48，54
AI ···················144，148，163
API ···················75，113
Architecture ··················48，51
Asset ··················48，49
BOM ··················88，98，186
DCM ·························16
Design Model ··········19，46，88
Design Structure Matrix ··········61
Disruption ·························12
DR ·························90
DSM ··········61，66，111，130
ICT ··················160，163
iDFC ·········60，62，125，158
IoT ·························163
SCM ·························16
SFA ·························74
S字カーブ ··················157
VOC ··················160

あ

アーキテクチャ ··················48，51
アーキテクチャ分析 ··················86

アクセラレータ ··················48，54
アセット ··················48，49
アドボカシー戦略 ··················85
イノベーション ··················169
インテグリティー ··················83
インポータ ··················114
エレメント ··················43，61
オープンイノベーション ··········77

か

開発プロセス改革 ··················138
企画主導型プロセス ··················19
キャリアパス ··················31，137
組合せ型 ··················112
グローバル／イノベーティブ人財育成
··················83
グローバル技術基盤 ··················35
結果指標 ··················141
効果指標 ··················141
広義のものづくり ··················42
コンフィギュレータ ······24，70，105
コンフィグエンジン ··················75
コンフィグデータデザイン ··········75
コンフィグプロセスデザイン ··········73
コンフィグルールデザイン ··········72

196

さ

再利用設計 ……………………… 18
サプライ・チェーン・マネジメント … 16
シーン ……………………… 151, 166
思考世界 ……………………… 58
システム思考 ……………………… 187
持続的イノベーション …………… 172
実行計画フェーズ ……………… 102
設計モジュール化 ……………… 56
先行指標 ……………………… 141
創造的破壊 ………… 12, 120, 148
ソリューションビジネス …………… 13

た

デザイン思考 …………………… 164
デザイン・チェーン・マネジメント … 16
デザインモデル …… 19, 46, 68, 88
デザインレビュー ……………… 90
統合型ものづくりIT ……………… 175
動的モジュール型組織デザイン …… 81
特注 ……………………… 97
トップダウン ……………… 103
トップダウン & ボトムアップ
……………………………… 37, 152

は

破壊的イノベーション … 30, 40, 171
パラダイムシフト ……………… 149
ビジネスリーダー育成 … 29, 53, 138

非

非連続な成長カーブ ……………… 27
ブレーンストーミング …………… 164
フレキシブルオーガナイゼーション
……………………………… 26, 53
プロダクトアウト ……………… 135
フロントエンドイノベーション …… 21
ボトムアップ ……………… 103

ま

マーケットイン ……………… 135
無形資産 ……………………… 50
モジュール化 ………………… 33, 58
ものづくり経営学 ……………… 43
ものづくりモデル …………… 41, 42
ものづくりモデルの変革＝Disruption
……………………………… 46, 56

ら

リンケージコンピタンス …………… 92
レイヤー×マージナル戦略 ………… 53
レイヤー戦略 / マージナル戦略 …… 32

〈執筆者紹介〉

田中 剛（株式会社ワイ・ディ・シー共動創発事業本部）

大手外資系ITメーカー、製造業専門のコンサルティング・ファームを経て株式会社ワイ・ディ・シーに参画。現在、デザインモデルをビジネスと連携させるためトップレベルコミュニケーション、プロジェクト啓蒙・企画を中心に企業変革を支援。「フロントエンドイノベーション」を実現する手段としてコンフィギュレータを中心とした施策導入を推進。

上野 拓人（株式会社ワイ・ディ・シー共動創発事業本部）

大手会計系コンサルティング・ファーム、製造業専門のコンサルティング・ファームを経て株式会社ワイ・ディ・シーに参画。現在、グローバル市場における「戦略立案」、「フレキシブルオーガナイゼーション」、「ビジネスリーダー育成」、「レイヤー戦略/マージナル戦略」「フロントエンドイノベーション」を活用した大規模設計改革プロジェクトを主導。

八重島 師門（株式会社ワイ・ディ・シー共動創発事業本部）

半導体装置メーカー、製造業専門のコンサルティング・ファームを経て株式会社ワイ・ディ・シーに参画。現在、デザインモデルを核としたグローバル技術基盤構築から、モジュール化などの「プロダクトモデル変革」、「フロントエンドイノベーション」などのビジネスモデル変革へと改革成果を創出。共動創発独自の製造業改革実行と方法論開発を主導。

〈執筆協力者紹介〉

朴 英元

埼玉大学人文社会科学研究科　教授
東京大学大学院経済学研究科　ものづくり経営研究センター 特任准教授

阿部 武志

青山学院大学　ヒューマン・イノベーション研究センター　客員研究員

〈編著者紹介〉

株式会社ワイ・ディ・シー 共動創発事業本部

「共動創発事業本部」は、2012年4月、設計開発領域の改革のエキスパートが参画し、製造業の業務プロセス改革コンサルティング事業を推進することを目的に、株式会社ワイ・ディ・シーの新しい事業として発足。「お客様の強みを踏まえ、共に改革を推進し、共に効果を創出し、継続的な企業の成長に対する動力となる」ことをビジョンとしている。

なぜ、日本の製造業はソリューションビジネスで成功しないのか?
ものづくりモデルの創造的破壊(Disruption)　　　　　　　　　　　NDC509.63

2016年9月30日　初版1刷発行　　　　　　　　　定価はカバーに表示されております。

Ⓒ 編著者　株式会社ワイ・ディ・シー
　　　　　　共動創発事業本部
発行者　井　水　治　博
発行所　日刊工業新聞社
〒103-8548　東京都中央区日本橋小網町14-1
電話　書籍編集部　　03-5644-7490
　　　　販売・管理部　03-5644-7410
　　　　FAX　　　　　03-5644-7400
振替口座　00190-2-186076
URL　http://pub.nikkan.co.jp/
email　info@media.nikkan.co.jp

印刷・製本　新日本印刷

落丁・乱丁本はお取り替えいたします。　　　　2016　Printed in Japan
ISBN 978-4-526-07609-1　C3034

本書の無断複写は、著作権法上の例外を除き、禁じられています。